외국인을 위한

성찰과 표현

외국인을 위한

성찰과 표현

더 나은 나, 더 나은 미래를 위한
후마니타스 기초 글쓰기

경희대학교 후마니타스칼리지
외국인을 위한 성찰과 표현 교재편찬위원회 지음

경희대학교 출판문화원
KYUNG HEE UNIVERSITY PRESS

머리말

『외국인을 위한 성찰과 표현』은 우리 학교 교양교육의 최종 목표인 '더 나은 인간, 더 나은 세계를 향한 교육'을 지향점으로 두고 개발하였다. 즉, 한 인간이 삶의 불확실성 앞에서도 의미 있고 행복한 방식으로 자신의 한 생애를 이끌어 나갈 수 있게 할 내적 견고성의 바탕을 길러 주고자 하는 후마니타스칼리지의 교육 목표와 그 궤를 같이한다. 사실 외국인 유학생들은 모국어가 아닌 외국어, 즉 한국어로 한국 문화와 전공 지식을 습득하고 있기에 전공 관련 공부만으로도 벅찬 것이 현실이다. 하지만 후마니타스칼리지의 글쓰기를 통해 여러분은 자기를 성찰하고 타자와 소통하면서 더 성숙한 인간으로 거듭날 것이 분명하다.

이를 위해 우리 교재를 1부 '글쓰기의 첫걸음', 2부 '나를 표현하는 글쓰기', 3부 '글쓰기 윤리'로 구성해 외국인 유학생들이 자신의 삶을 성찰하고 자신의 이야기를 한국어로 표현할 수 있도록 하였다.

1부 '글쓰기 첫걸음'은 글쓰기에 대한 두려움을 없애고 그동안 글을 쓰면서 느꼈던 어려움을 해소하기 위한 단계이다. 한국어로 글을 쓸 때 무엇이 어려운지 메모해 봄으로써 자신의 글쓰기를 점검해 보는 계기가 될 것이다. 뒤이어 브레인스토밍, 마인드맵, 개요 작성법으로 이어지는 일련의 글쓰기 과정을 익혀 본다. 끝으로 한 편의 5단락 글을 제시하였으므로 내가 어떤 글을 써야 하는가를 엿볼 수 있을 것이다.

1부를 통해 글쓰기에 한 걸음 더 다가갔다면 2부 '나를 표현하는 글쓰기'에서는 직접 글을 써 보기 시작한다. 2부는 '다시 가고 싶은 그곳', '잊을 수 없는 음식', '나를 움직인 말 한마디', '나의 한국 생활' 순으로 총 4개의 글쓰기 주제로 구성되었으며 주제마다 예시문과 함께 생각하고 이야기해 볼 수 있도록 구성하였다. '다시 가고 싶은 그곳'에서는 나의 '장소'에 대해 이야기한다. 장소는 세계와 나 자신을 깊이 있고 충만하게 만나는 곳으로, 나를 나답게 하는 곳이다. 내가 걸어온 길을 다시 돌아보면서 내가 지금 서 있는 이곳과 나 자신에 대해서 깨닫게 될 것이다. '잊을 수 없는 음식'에서는 음식이 개인에게 어떤 영향을 미치는지에서 시작해 사회적으로는 어떤 기능을 하고 있는지까지 시각을 넓혀 가며 접근해 본다. '나를 움직인 말 한마디'에서는 '말'의 의미를 되새겨 봄으로써 나를 들여다본다. 내가 기억하는 말들에 대해 생각해 보는 것은 자신의 과거와 내면을 마주하고 성장의 나이테를 확인하는 과정이 될 것이다. 끝으로 '나의 한국 생활'을 통해 여러분은 자신의 한국 생활을 떠올려 보며 나와 한국, 나와 한국 사람들과의 만남과 관계를 생각해 볼 수 있다. 이처럼 여러분은 4개의 주제를 통해 나의 삶을 되돌아보고 나를 재발견함과 동시에, 사회나 미래로 문제의식을 확장해 나갈 수 있을 것이다.

주제별로 생각하기와 토론하기가 끝나면 쓰기 과제를 통해 글쓰기 활동을 진행한다. 한 단락 쓰기부터 3단락, 5단락 쓰기까지 고루 안배하여 부담 없이 자기 생각을 글로 표현할 수 있도록 하였다. 한편, 하나의 주제가 끝날 때마다 서사,

묘사, 비유, 비교와 대조의 글쓰기 전략을 함께 제시하여 다양한 표현 기법을 익힐 수 있게 하였다. 이러한 전략을 적극적으로 활용하면 더욱 풍부한 글을 쓸 수 있을 것이다.

우리 개개인은 모두 고유하고 존귀한 존재이다. 그러므로 나의 삶과 나의 이야기도 특별하다. 글쓰기는 이런 나의 존재를 (재)발견하는 데 가장 좋은 기회이자 새로 (재)발견한 나를 표현하는 데 가장 적합한 도구이다. 특히, 유학생활을 하고 있는 여러분에게 글쓰기는 한국 사회와 소통하는 창구가 되어 줄 것이다. 이제 글쓰기를 통해 나를 드러내고 남을 이해해 보자. 그리하여 다름은 틀림이 아님을, 이토록 다양한 시각이 어우러질 수 있음을 글로 표현해 보자. 대학 글쓰기의 첫걸음을 떼는 여러분을 응원한다.

2021년 8월

경희대학교 후마니타스칼리지
외국인을 위한 성찰과 표현 교재편찬위원회

차례

3부 글쓰기 윤리

부록

1부

글쓰기 첫걸음

1. 나의 글쓰기 고민

• 한국어로 글을 쓸 때 여러분을 힘들게 하는 것은 무엇입니까? 한국어로 글을 쓸 때 어려운 점, 여러분에게 문제가 되는 것들에 대해 생각해 봅시다.

선생님, 저는 한국어로 글을 쓸 때 이런 것들이 어려워요.

①

②

③

④

⑤

⑥

⑦

⑧

⑨

⑩

2. 글쓰기 고민 상담실

이럴 때는 어떻게 해야 해요? 가르쳐 주세요, 선생님!

1) 한국어로 글을 잘 쓰고는 싶은데 너무 어려워요.

글을 쓰기가 어렵다는 건 전혀 걱정할 문제가 아니에요. 글쓰기가 쉬운 사람은 한 명도 없거든요. 심지어 글쓰기가 직업인 작가들도 마찬가지예요. 글쓰기가 쉽다고 하는 사람이 있다면 오히려 그게 이상한 거예요. 그러니까 처음부터 너무 잘 쓰려고 애쓰지 마세요. 친구들 앞에서 뭔가 발표를 했던 때를 한번 생각해 볼까요? 너무 잘하려고 하고 또 잘해야 된다고 생각하면 긴장되고 떨려서 오히려 잘하지 못하게 되잖아요. 열심히 준비한 것들이 생각이 안 나기도 하고요.

자, 이제 몸에서 힘을 빼고 마음을 편하게 가져 봅시다. 그리고 오늘부터 글을 잘 쓰려면 어떻게 해야 하는지 하나하나 차근차근 같이 배워 봐요. 여러분, 선생님과 함께 재미있는 글쓰기 세계로 여행을 떠날 준비가 되었나요?

2) 어떤 주제를 정해 글을 쓰려고 할 때 무엇을 써야 할지 모르겠어요. 잘 생각이 안 나서 고민만 하다가 시간이 가는 경우가 많아요.

여러분뿐만 아니라 사실 저도 글을 쓸 때마다 이 문제 때문에 고민을 많이 해요. 매번 뭘 써야 할지 한참 고민을 한 후에야 쓸 내용들이 겨우 생각이 나거든요. 그래서 어떻게 하면 좀 더 생각이 잘 나게 할 수 있을까 고민하다 알게 된 방법이 브레인스토밍(brainstorming)과 마인드맵(mind map)이라는 거예요. 아마 여러분 중에도 쓰기 수업 시간 같은 때 해 본 사람이 있을 거예요.

자, 그럼 어떻게 하는 건지 하나씩 알아볼까요?

먼저, 브레인스토밍은 원래 회의 등에서 어떤 문제를 해결하거나 그 문제에 관한 좋은 아이디어를 얻기 위해 사용했던 방법이에요. 어떤 문제에 대해 편하게 아이디어를 떠올리고 그것에 대해 서로의 생각을 이야기하면서 더 좋은 아이디어로 발전시키는 것이지요. 그래서 브레인스토밍은 글을 쓸 때 그 주제에 대해 뭔가가 떠오르면 머릿속에 폭풍이 치는 것처럼 떠오른 생각을 아무거나 다 적어 보는 활동을 말해요. 일단 그렇게 생각나는 것들을 다 적어 두면 그것들을 가지고 글을 쓸 수 있거든요. 다음은 '행복하게 살기 위해 가장 필요한 한 가지는 무엇일까?'라는 주제로 브레인스토밍을 해 본 사례예요.

브레인스토밍 예시

- **사람들이 행복하게 사는 데 있어 가장 중요하게 생각하는 것은 무엇일까?**
  건강, 가족, 돈, 성공, 꿈, 희망? 아, 마음을 터놓고 이야기할 수 있는 친구도 필요하겠네.

- **이것 중에 제일 중요한 건 뭘까? 가장 중요한 걸 어떤 기준으로 결정할 수 있지?**
  다른 것도 다 중요하긴 한데 역시 건강이 최고인 것 같다. 건강을 잃으면 돈도 성공도 아무 소용이 없으니까.

- **그런데 건강을 지키려면 어떻게 해야 하지? 몸만 건강하면 되나?**
  잘 먹고 잘 자고 가끔 운동도 좀 하고 그러면 몸은 건강해질 것 같은데. 아, 요즘은 우울증에 걸리는 사람들도 많다니까 몸만 건강해서는 안 되겠네. 마음에 병이 들면 몸도 건강하기 힘들잖아. 또 뭐가 있으려나? 잘 생각이 안 나네. 건강 관련 책이나 기사 같은 자료들을 구해서 좀 더 알아봐야겠다.

다음으로 마인드맵에 대해 알아볼까요? 마인드맵이란 것도 브레인스토밍처럼 원래 글을 잘 쓰기 위한 방법으로 만들어진 게 아니에요. 어떤 것을 읽고 분석하는 데 있어 마음속에 지도를 그리는 것처럼 전체적이고 종합적으로 접근해야 한다는 이론에 따라 사고 훈련을 하기 위해 사용하던 방법이었어요. 그러던 것이 글을 쓸 때 써야 할 주제에 대한 여러 생각들을 모으는 방법으로 활용이 된 것이지요. 다음은 행복하게 살기 위해 가장 필요한 한 가지를 '건강'으로 정하고 건강하게 살기 위한 조건들에 대해 마인드맵을 해 본 사례예요.

마인드맵 예시

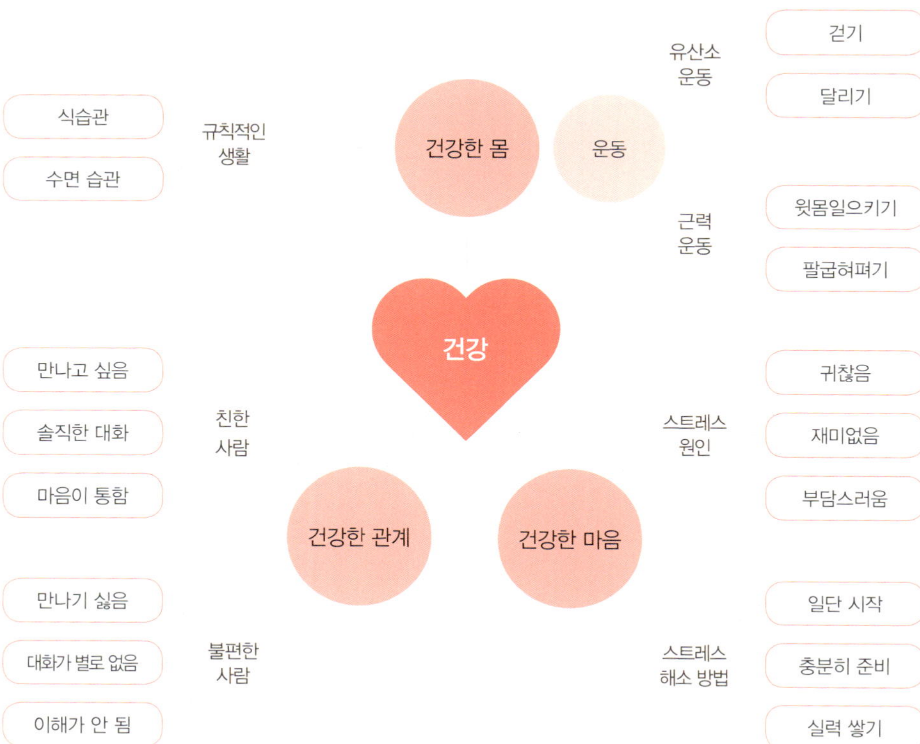

3) 글을 쓸 때 처음, 중간, 끝에 쓸 내용을 계획해서 먼저 개요를 작성하고 쓰는 게 좋다는데 저는 이게 너무 귀찮아요. 그냥 계획 없이 바로 쓰면 안 되나요?

맞아요. 살다 보면 미리 계획을 하라는 일들이 참 많아요. 그때그때 적당히 하면서 살아도 될 것 같은데 뭘 그렇게 미리 준비하고 계획을 하라고 하는지, 왜 그렇게 해야 좋은 결과를 얻을 수 있다고 하는지 잘 이해가 안 되지요? 그런데 왜 많은 사람이 그렇게 준비나 계획의 중요성을 강조하는 걸까요?

"준비하지 않는 것은 실패를 준비하는 것이다."라는 말이 있어요. 혹시 들어본 적 있나요? 미국에서 건국의 아버지로 일컬어지며 많은 사람의 존경을 받고 있는 벤저민 프랭클린(Benjamin Franklin)이란 분이 한 말이에요. 여기에서 준비가 바로 계획을 뜻하는 말이에요. 어떤 일을 할 때 처음과 중간, 끝을 생각해 보고 어떤 과정과 절차를 거쳐 어떠한 방법으로 진행할지 미리 계획하지 않으면 그 일을 성공적으로 해내기가 어렵다는 뜻이지요.

아무런 계획 없이 그냥 생각나는 대로 글을 쓰다 보면 어떤 문제가 생길까요? 처음엔 생각이 안 났는데 글을 쓰는 도중에 좋은 아이디어가 떠오르기도 하고 생각만 하다가 깜빡 잊어버리고 빠트리게 되는 부분도 생기곤 해요. 갑자기 생각난 내용을 쓰다 보면 글의 주제와 상관없는 내용이 들어가기도 하고요. 겨우겨우 다 썼는데 앞뒤 순서가 안 맞거나 빠트린 내용, 잘못 쓴 내용 같은 게 있으면 어떻게 해야 할까요? 다시 고쳐서 써야 할 텐데 그러다 보면 오히려 시간이 더 걸리고 결과적으로도 좋은 글이 되기 어려울 거예요. 집을 다 지었는데 화장실을 안 만들었다거나 방을 너무 좁게 만들어서 살기가 불편하다면 어떨까요? 집을 부수고 다시 만들려면 오히려 새로 집을 짓는 것보다 시간도 더 걸리고 훨씬 힘들겠지요. 어떻게 지을지 미리 설계도를 그리고 그것에 맞춰 집을 지어야 하는 것처럼 글을 쓸 때도 글의 설계도라 할 수 있는 개요를 꼼꼼하게 잘 작성해야 좋을 글을 쓸 수 있는 법이랍니다.

자, 그럼 개요가 무엇인지, 개요를 어떻게 작성해야 하는지에 대해 알아볼까요?

개요(outline)는 글의 구성 내용을 표로 나타낸 것을 말해요. 글의 제목이나 주제, 글의 처음, 중간, 끝부분의 주요 내용을 정리해서 한눈에 쉽게 살펴볼 수 있도록 한 거예요. 개요에는 해당 부분의 중요 내용을 화제 형식의 핵심 어구로 간략하게 표현한 '화제 개요'와 문장의 형태로 보다 상세하게 기록한 '문장 개요' 두 가지가 있어요. '화제 개요'는 내용이 간략해서 작성하기도 쉽고, 글의 전체적인 구성과 내용을 쉽게 살펴볼 수 있어서 좋기는 한데 너무 간략해서 거기에 어떤 내용을 쓰려고 했는지 잘 기억하기 어려운 문제가 있어요. 그래서 '화제 개요'를 먼저 간략하게 쓴 다음에 거기에서 쓰려고 하는 자세한 내용을 '문장 개요' 형식으로 함께 써 두는 게 좋다고 해요.

백문이 불여일견이라고 하죠? 개요에 대해서도 알아봤으니까 앞에서 브레인스토밍과 마인드맵을 하면서 생각해 본 주제를 가지고 어떻게 글의 개요를 만들 수 있는지 한번 살펴봅시다.

개요작성법 예시

주제	건강, 행복하게 살기 위해 가장 필요한 한 가지	
단계	화제 개요	문장 개요
처음	• 인사 및 주제 소개 • 세 가지 건강과 건강한 대학 생활	• 만나서 반갑다. 오늘의 주제는 행복하게 살기 위해 가장 필요한 한 가지이다. • 건강은 행복한 삶, 성공적인 대학 생활에 가장 중요한 요소이다.
중간	• 신체적 건강을 해치는 원인과 해결 방법	• 신체적으로 건강해지기 위해서는 불규칙한 생활을 하면 안 된다. • 건강을 지키기 위해 꾸준히 운동을 해야 한다.
	• 정신적 스트레스의 원인과 해소 방법	• 정신적 스트레스는 대부분 하기 싫거나 두려운 일 때문에 생긴다. • 일단 시작을 해 버리면 하기 싫은 마음이 없어지고 두려운 일도 자주 하다 보면 익숙해진다.
	• 인간관계에서 오는 스트레스의 원인과 해소 방법	• 인간은 혼자 살 수 없기 때문에 언제, 어디에나 스트레스를 주는 사람이 존재한다. • 불편한 인간관계를 해결하기 위한 가장 좋은 방법은 그 사람과 친해지는 것이다.
끝	• 건강의 중요성 강조 및 당부	• 격언들을 통해 건강의 중요성을 확인할 수 있다. • 건강을 유지하기 위해서는 지속적인 노력이 필요하다.

4) 단락 쓰기: 단락을 꼭 나누어야 하나요? 그냥 이어서 쭉 쓰면 안 되나요?

그래도 돼요. 왜 안 되겠어요? 우스개 이야기 하나 먼저 할게요. 예전에 이런 유행어가 있었어요. "대한민국에 안 되는 게 어딨니?" 어떤 코미디언이 유행시킨 말이에요. 이 우스갯소리처럼 단락을 나누지 않고 글을 쓴다고 해서 대단한 문제가 생기는 건 아니에요. 하늘이 무너지는 것도, 지구가 멸망하는 것도 아니니까요. 이해하는 데 좀 불편하고 무슨 내용인지 알아채는 데 시간도 조금 더 걸리고 시험 답안이라면 점수 몇 점 깎이면 되는 거죠, 뭐. 하하하. 재미있지 않나요?

머리도 좀 식혔으니 이제 앞에서 공부한 글의 개요를 토대로 단락이 어떤 것이고 왜 필요한지도 좀 살펴봅시다.

처음	• 세 가지 건강과 건강한 대학 생활
중간	• 신체적 건강을 해치는 원인과 해결 방법 • 정신적 스트레스의 원인과 해소 방법 • 인간관계에서 오는 스트레스의 원인과 해소 방법
끝	• 건강의 중요성 강조 및 당부

이 개요로 글을 쓴다면 단락을 어떻게 구성할 수 있을까요? 또 어떻게 구성하는 게 효과적일까요?

먼저 여러분이 말한 것처럼 단락을 나누지 않고 쭉 이어서 쓰는 방법이 있어요. 듣던 중 반가운 소리죠? 그런데 앞에서 이야기한 것처럼 이렇게 하려면 조건이 필요해요. 무슨 조건이냐면 쓰려고 하는 글이 아주 짧아야 한다는 거예요. 절대적인 기준이 있는 것은 아니에요. 한 200~300자 정도의 짧은 글이라서 내용을 구분해서 이해하는 데 문제가 없다면, 아니 글이 너무 짧아서 단락을 나누는 게 오히려 어색한 경우라면 굳이 단락을 나누지 않는 게 효율적일 수도 있어요.

단락이란 같은 성격의 문장들로 이루어진 덩어리, 그러니까 여러 개의 문장이 모여서 하나의 중심 생각을 나타내고 있는 것을 말해요. 그런데 글이 길지 않아서 하나의 단락이 한두 문장에 불과하다면 단락을 나누지 않고 그냥 이어서 쓰는 게 낫다는 거지요. 예컨대 글의 처음과 끝부분이 한두 문장이고 중간 부분도 서너 문장밖에 안 되는 짧은 글이라면 굳이 단락을 구분하지 않아도 된다는 거예요.

다음은 여러분이 힘들어하는 글을 처음과 중간, 끝에 따라 여러 개의 단락으로 나누어 구성하는 방법이에요. 이 경우에도 글의 종류나 내용, 길이 등에 따라 다양한 방법이 있는데 가장 간단하게는 처음, 중간, 끝을 모두 하나의 단락씩으로만 구성(3단락 글쓰기)할 수도 있어요. 앞의 개요라면 처음과 끝은 하나의 내용이니까 각각 한 단락으로, 세 가지 건강으로 나누어진 중간 부분도 단락을 구분하지 않고 간략하게 기술하는 것이지요. 그런데 중간 부분은 내용이 많아서 아마도 쓰다 보면 다른 단락보다 길어질 거예요. 세 가지 건강에 대한 이야기가 섞여 있고 각각 건강을 해치는 원인과 해결 방법에 대해 써야 해서 복잡하기도 할 거고요. 이렇게 여러 가지 내용이 한 단락에 복잡하게 섞여 있으면 어떨까요? 아무래도 글이 산만하고 복잡하게 느껴질 거예요. 그럼 어떻게 하는 게 좋을까요? 맞아요. 바로 이런 글을 여러 단락으로 나누는 거예요.

앞의 개요 내용을 보면 중간 부분을 둘이나 세 부분으로 나눌 수 있을 것 같아요. 세 가지 건강에 대해 각각 그것을 해치는 원인과 해결 방법을 기준으로 해서 크게 두 부분으로 나누거나 개요에서 볼 수 있는 것처럼 건강의 유형을 기준으로 해서 세 부분으로 나누는 것이지요. 그런데 개요의 방법으로 나누게 되면 원인에도 해결 방법에도 세 가지씩 내용이 들어가야 해서 글을 쓰기도 불편하고 이해하기에도 좀 복잡할 것 같아요. 반면에 건강의 유형별로 각각 건강을 해치는 원인과 그 해결 방법을 쓰면 그런 문제가 생기지 않아요.

이렇게 글을 구성하면 처음 부분이 한 단락, 중간 부분이 세 단락, 그리고 끝부분이 다시 한 단락으로 이루어진 다섯 단락의 글이 돼요. 서론에서 글의 주제를 소개하고 세 가지 정도로 그 주제를 뒷받침하는 내용을 제시한 후, 결론에서 요약 및 정리를 하면서 마무리하는 형식의 글이 되는 거지요. 여러분도 앞으로 이렇게 다섯 단락으로 이루어진 글을 써 보게 될 거에요. '5단락 글쓰기'는 쓰고자 하는 주제에 관해 논리적으로 수긍이 갈 정도의 정보와 의견을 제시할 수 있는 구성이어서 완결성을 갖춘 글쓰기의 기본 형식이라고 할 수 있어요. 그래서 '5단락 글쓰기'에 익숙해지면 처음, 중간, 끝의 각 부분에 단락을 추가하고 확장해서 보다 복잡하고 긴 내용의 글도 쓸 수 있게 될 거예요. 어때요? 아직도 단락을 나누기가 귀찮은가요?

5) 글을 쓸 때 내가 선택한 어휘가 내가 생각한 뜻을 나타내는 한국어 표현으로 적당한 것인지 잘 모르겠어요. 이럴 때는 어떻게 하면 좋을까요?

사실 이 문제에는 딱히 특별한 해결 방법이 없어요. 여러분뿐만 아니라 외국어를 배우는 모든 사람이 겪을 수밖에 없는 문제거든요. 글이나 말을 통해 자신의 생각을 외국어로 표현할 때 누구나 자기가 가장 잘 아는 모국어를 기준으로 생각을 하기 때문에 생기는 현상이에요. 어떤 생각을 한국어로 표현할 때는 한국어의 구조나 표현 방식을 기준으로 해야 하는데 한국어를 배우는 과정에서 어떻게 그 모든 걸 정확하게 알고 있겠어요? 그러니까 한국어에 맞지 않아 보이는 어색하고 부자연스러운 어휘나 표현, 또 문법을 사용할 수밖에 없는 거지요. 그렇다고 벌써부터 실망할 필요는 없어요. 쉽지는 않겠지만 사전(국립국어원의 표준국어대사전, https://stdict.korean.go.kr)이나 인터넷의 여러 자료를 통해 여러분이 사용한 표현이 적절한지 어느 정도는 확인해 볼 수 있거든요. 물론 큰 노력이 필요한 일이고 판단이 쉽지 않은 경우도 있겠지만요.

그럼 다음 예문(중국인 학생 글의 일부)을 통해 좀 더 구체적으로 알아볼까요?

영국과 독일 조계에서는 가무가 태평하고,
각종 번화한 거리에서 서양식 교예 공연이 계속되었다.

위 문장에서 잘 이해가 안 가는 부분이나 이상하게 생각되는 부분은 어디인가요? 한국 사람이라면 아마 대체로 이런 반응을 보일 것 같아요. "조계가 뭐지? 도통 모르겠는데.", "'가무가 태평하다.'는 표현도 있나?", "교예 공연? 무슨 예술 공연 같은 건가?" 이렇게 말이지요.

사전과 인터넷 검색 등을 통해 확인해 보면 먼저 '조계(租界)'는 역사적 어휘로서 '19세기 후반에 영국, 미국, 일본 등 8개국이 중국을 침략하는 근거지로 삼았던 개항 도시의 외국인 거주지'라고 설명이 되어 있어요. 또 '가무(歌舞)'와 '태평(太平, 泰平)'은 각각 '노래와 춤을 아울러 이르는 말'과 '나라가 안정되어 아무 걱정 없고 평안함'이라는 뜻으로 나와 있고요. 끝으로 '교예(巧藝)'는 '기교 예술의 줄임말로 곡예 또는 서커스를 가리키는 북한 용어' 정도로 백과사전류에 설명이 되어 있어요.

이 설명을 보면 우선 '조계'는 중국의 역사적 사실과 관련돼 있어서 중국인, 그중에서도 역사에 관심이 있는 일부 사람들 이외에는 알기 어려운 전문 용어의 범주에 들어가는 어휘임을 알 수 있어요. 글을 읽는 사람들 대부분이 '조계'의 뜻을 모르고 있을 거라는 말이에요. 이렇게 읽는 사람이 알기 어려워 보이는 용어를 쓸 때는 그 뜻을 설명해 주어야 해요. 한자나 영어 등 원래의 문자도 같이 써주는 게 좋고요. 그러면 무슨 뜻인지 찾아볼 수 있으니까요. 다음으로 '가무'와 '태평'의 경우도 '가무'는 노래와 춤을 뜻하고 '태평'은 나라가 안정되어 평안하다는 뜻이니까 '가무가 태평하다.'는 표현이 자연스럽지 않다는 사실을 어렵지 않게 알 수 있어요. '교예'라는 말도 사전 설명을 통해 '곡예'나 '서커스' 정도의 표현을 사용하는 게 더 적합하리라는 사실을 알 수 있고요.

정리하자면 글을 쓸 때 자신이 선택한 어휘가 자기가 생각한 내용을 표현하는데 적절한 것인지 확인하는 게 쉬운 일은 아니지만, 사전이나 인터넷 자료들을 찾아봄으로써 어느 정도는 가능하다고 할 수 있겠네요.

6) 한국어에는 받침이 있는 글자가 많아서 발음하기도 어렵고 글을 쓸 때 어떤 받침을 써야 할지 헷갈릴 때가 많아요. 어떻게 하면 받침을 안 틀리고 잘 쓸 수 있을까요?

여러분도 잘 아는 것처럼 한국어에는 받침이 있는 글자가 많아요. 한글에서는 자음하고 모음을 합해서 글자를 만드는데 '자음자+모음자+자음자'로 이루어진 글자의 경우에는 마지막에 있는 자음자를 앞 글자의 아래에 써요. 아래에 받쳐 쓰기 때문에 '받침'이라고 하는 것이고요. 그런데 받침에 쓰인 자음 중에는 소리가 그대로 나는 것도 있지만 다른 자음으로 소리가 바뀌는 경우도 많아요. 받침에 쓰인 두 개 자음 중의 하나만 소리가 나는 경우도 있고요. 그래서 받침이 헷갈리는 때도 많고 글자를 기억해야 하는 경우도 생기는 거예요. 이건 한국 사람도 마찬가지라서 초등학교에서는 학생들에게 받아쓰기 연습을 많이 시켜요. 시험도 자주 보고요.

그런데 이렇게 받침이 헷갈릴 때 사용할 수 있는 편리한 방법이 하나 있어요. 받침 뒤에 모음으로 시작되는 조사나 어미를 붙여 보는 거예요. 이렇게 하면 받침이 어떤 자음인지 대부분 알 수 있어요. 예를 들어 '책'의 받침이 무엇인지 정확하게 기억이 안 나면 모음으로 시작되는 조사 '이'를 붙이고 말해 보는 거예요. 그러면 /채기/라는 발음을 통해 받침이 'ㄱ'이라는 것을 알 수 있어요. 또 '짧다'라면 '-아요'를 붙여서 /짤바요/라고 발음을 해 보는 거고요. 그러면 '짧다'의 받침이 'ㄹ'과 'ㅂ'으로 이루어진 겹받침이라는 것을 알 수 있어요. 어때요? 괜찮은 방법인 것 같은가요?

7) 열심히 생각해서 문장을 만들긴 했는데 내가 쓴 문장이 문법적으로 맞는지 틀리는지 잘 모르겠어요. 내가 쓴 문장이 괜찮은지 문제가 있는지 알고 싶은데 어떻게 하면 될까요?

이 문제는 아마도 여러분이 글을 쓰면서 가장 자주 겪는 어려움 중의 하나일 거예요. 실제로 글에서 가장 자주 보이는 문제이기도 하고요. 이럴 때 어떻게 하는 게 좋을까요? 이 문제 역시 사전에서 답을 찾을 수 있어요. 자신이 선택한 어휘가 적절한지 어떤지 알아보고 싶을 때 사전 등을 통해 확인할 수 있다고 했던 거 기억나죠? 문법 문제도 마찬가지예요. 여러분도 잘 알겠지만 사전에는 어떤 표현의 뜻뿐만 아니라 그것이 문장에서 어떤 말들과 함께 어떤 구조로 사용되는지도 자세히 나와 있어요. 예문들도 많이 제시되어 있고요. 그런 정보를 꼼꼼하게 살펴보면 여러분이 만든 문장이 문법적으로 적절한지를 어느 정도 확인해 볼 수 있을 거예요.

자, 그럼 연습 삼아 다음 문장에서 틀렸거나 어색하다고 생각되는 부분을 한번 찾아볼까요?

• 아래 예문들은 실제 외국인 학생들이 작성한 내용입니다. 틀렸거나 어색한 부분뿐만 아니라 보다 바람직한 표현 방법에 대해서도 함께 생각해 보면 글쓰기 공부에 도움이 될 것입니다.

① 미국 금융위기를 터진지 4년 됐습다.

➡

② 행복이란 만족스러운 마음이 가지는 것이다.

➡

③ 자기의 의견을 이 세상에게 보여 주었다.

➡

④ 꿈속에만 만난 슈퍼주니어를 직접 만났다.

➡

⑤ 아침밥을 먹고 할아버지 같이 학교에 갔다.

➡

⑥ 나는 이 계획을 꼭 이룰 수 있는 것이 믿는다.

➡

⑦ 가장 시선을 끌은 문제가 바로 지구온난화이다.

➡

⑧ 내가 생각하는 장애인이 무섭게 생기고 행동도 이상한다.

➡

⑨ 많은 잊을 수 없는 기억도 남았다.

➡

⑩ 그 영화가 흥행한 이유는 배우들의 연기가 훌륭했다.

➡

⑪ 현재 학생회장 될 수 있는 사람이 아마 미래에 국가의 대통령이 될 수 있다.

➡

⑫ 그 정책에 대해서 저는 관심하고 있다.

➡

⑬ 재미있게 사는 방법 또 배웠다.

➡

- 서수백, 「외국인 유학생의 한국어 쓰기 오류 분석」, 우리말글 62, 우리말글학회, 2014, 134-149쪽 참조.

8) 말을 할 때는 괜찮지만 글에는 잘 사용하지 않는 단어나 표현이 있다고 하는데 왜 글에는 쓰면 안 되는지 잘 모르겠어요. 또 그런 표현들이 무엇인지도 알고 싶고요.

사실은 이 문제 때문에 저도 계속 고민을 하고 있어요. 왜냐고요? 여러분이 읽고 있는 이 책의 글이 다른 글과는 조금 다른 형식으로 써졌기 때문이에요. 무슨 말이냐 하면 이 책의 글이 겉으로 보기에는 문어(文語) 형식을 취하고 있지만, 사실은 여러분 앞에서 말을 하고 있는 상황을 가정해서 구어(口語) 같은 느낌이 들도록 쓴 글(구어체로 쓴 문어)이라는 뜻이에요. 다른 언어들도 그렇지만 한국어에서도 글을 쓸 때는 말을 할 때와 조금 다른 표현을 써야 하는 경우가 있거든요. 그래서 말을 하는 것처럼 글을 쓰다 보니까 구어 표현을 써야 하는지, 문어 표현을 써야 하는지 좀 혼동이 되는 경우가 있다는 말이에요.

문어적 표현과 구어적 표현에 차이가 생기는 데는 여러 가지 이유가 있어요. 기본적으로 문어는 눈을 통해 시각적으로 받아들이는 것이기 때문에 이에 적합한 특성을 가져야 해요. 반면에 음성으로 전달되는 구어는 청각적으로 전달되는 데서 비롯한 특성들을 가지고 있는 거예요. 예컨대 문어의 경우에는 글을 읽는 사람이 정해져 있지 않은 경우가 많아서 경어체 대신 종결어미로 '-ㄴ/는다' 등 주로 평어체로 글을 써요. 문법적으로도 완전한 형태의 표현을 추구하기 때문에 조사 같은 것도 생략을 잘 안 하고요. 하지만 구어에서는 대화 상대가 정해져 있으니까 그에 맞는 높임법이 필요하고 말하는 내용을 빠르고 쉽게 전달하기 위해 줄임말을 많이 사용해요. 또 의사소통의 효율성과 청각 이해를 돕기 위해서 내용을 전달하는 데 꼭 필요하지 않은 것들을 자주 생략하고, '예쁘다'를 '이쁘다'라고 하는 것처럼 문어와 다르게 표현하는 경우도 있고요.

구어적 표현 사용의 예시

① 르망<u>이랑</u>, 크투팟<u>이랑</u>, 른당은 꼭 먹어야 한다.

② 요새 그런 조언이 남녀노소<u>한테</u> 대단히 중요하다.

③ <u>울</u> 고향은 겨울 있지만 이번 겨울이 덜 춥다.

④ 내가 <u>생각하기엔</u> 좋은 점보다 나쁜 점이 훨씬 더 많다. 큰 공장을 세우면 지금보다 더 많은 직장도 생기고, 돈도 더 벌 수 있다. <u>근데</u> 그것이 좋은 것만 아니다.

⑤ 내가 한국에 <u>첨</u> 와서 느낀 것은 한국 사람들이 영어를 <u>진짜</u> 못한다는 것이다.

- 이수미, 「한국어 글말 텍스트에 나타난 입말의 양상 연구」, 어학연구 48-1, 서울대학교 언어교육원, 2012, 110-113쪽.(예문 참조)

구어적 표현	문어적 표현
거(이거, 그거, 별거, 좋은 거, 이게, 다른 걸로)	것(이것, 그것, 별것, 좋은 것, 이것이, 다른 것으로)
뭐(뭔, 먼)	무엇(무슨)
저(저는/제가/제/제게)	나(나는/내가/나의/내게) * '나'라는 대명사는 일기 같은 개인적인 글에만 사용하는 것이 바람직함.
한테/한테서	에게/에게서
이랑(랑)/하고	와(과)
께선/엔/서(거기서)	께서는/에는/에서(거기에서)
-아(어) 가지고, -(으)니까, -더니, 느라고	-아(어)서, -기 때문에, -(으)니만큼, -(으)므로
엄청, 진짜, 되게	매우, 정말, 대단히
딴/쫌(좀)	다른/조금
얘기/맘/땜/글고/근데/알바	이야기/마음/때문/그리고/그런데/아르바이트
봐/줘/해	보아/주어/하여
난/놀 땐/학교엔/재밌-	나는/놀 때는/학교에는/재미있-

9) 글을 쓰다 보면 자꾸 문장이 길어져요. 선생님께서 문장을 짧게 쓰는 게 좋다고 해서 그렇게 하고는 싶은데 잘 안 돼요.

문장을 짧게 쓰는 것의 중요성은 좋은 글의 요건을 이야기하는 많은 책에서, 또 글쓰기로 유명한 많은 작가님이 한결같이 강조하는 아주 중요한 부분이에요. 왜 그렇게 짧게 쓰기의 중요성을 강조하는지 그분들의 입을 통해 직접 들어 볼까요?

글은 단문이 좋다. 문학작품도 그렇지만 논리 글도 마찬가지다. 단문은 그냥 짧은 문장을 가리키는 게 아니다. 길어도 주어와 술어가 하나씩만 있으면 단문이다. 문장 하나에 뜻을 하나만 담으면 저절로 단문이 된다. 주어와 술어가 둘이 넘는 문장을 복문이라고 한다. 복문은 무엇인가 강조하고 싶을 때, 단문으로는 뜻을 정확하게 표현하기 어려울 때 쓰는 게 좋다.

다시 노래와 비교해 보자. 가수가 고음을 시원하게 잘 내면 좋다. 그런데 어떤 노래를 처음부터 끝까지 고음으로만 부르면 어떨까? 청중이 감탄할 수는 있지만 즐기기는 어려울 것이다. 노래는 높은음과 낮은음이 잘 어우러져야 제맛이다. 고음은 '클라이맥스'에 잠깐 나오는 것으로 충분하다. 그래야 듣는 사람 팔뚝에 소름이 돋는다. 글도 마찬가지다. 계속해서 복문을 쓰면 읽는 사람이 힘들다. 복문은 꼭 필요할 때만 써야 한다.

- 유시민, 『유시민의 글쓰기 특강』, 생각의길, 2015, 199-200쪽.

> 태어나자마자 용인의 한 고아원에서 버려진 저는 그곳에서 고등학교까지를 마치는 동안 이렇게 세상만사에 무관심한 사람이 되고 말았습니다.

연수생이 작성한 글이다. 특별히 멋을 부린 부분도 없는데 어딘지 문장이 어색한 느낌을 준다. 예문 속에는 세 가지의 중요한 사실이 내포되어 있다.

태어나자마자 용인의 한 고아원에 버려졌다는 사실. 그곳에서 고등학교까지 마쳤다는 사실. 그러는 동안 세상만사에 무관심한 사람이 되고 말았다는 사실.

이 세 가지 사실을 한 문장 안에 구겨 넣었기 때문에 글쓴이의 의도가 모호해져 버렸다. 이 세 가지를 각각 한 문장으로 독립시켜 정리해 보자.

> 저는 태어나자마자 용인의 한 고아원에 버려졌습니다. 그곳에서 고등학교까지를 마쳤지요. 그러는 동안 이렇게 세상만사에 무관심한 사람이 되고 말았습니다.
>
> - 이외수, 『글쓰기의 공중부양』, 해냄, 2007, 169쪽.

10) 제 나름대로는 최선을 다해 열심히 글을 썼는데도 이상한 부분이 너무 많은가 봐요. 선생님께서 제가 쓴 글에 어색하거나 틀린 부분을 표시해 주시는데 그런 부분이 너무 많아서 속상해요.

틀리는 것은 잘못되거나 나쁜 일이 아니에요. 틀린다는 건 아직 그것에 대해 정확하게 알고 있지 못하다는 뜻이니까 자꾸 틀려 봐야 자기가 잘 모르는 부분을 알 수 있어요. 그런 의미에서는 틀리는 게 오히려 좋은 거라고 할 수도 있어요. 틀리지 않으면 고칠 수가 없고 고치지 않으면 쓰기 실력도, 한국어 실력도 나아지기 어려운 법이니까요.

생각해 보면 세상일 어느 하나 우리가 처음부터 잘하는 일은 별로 없는 것 같아요. 하물며 걷는 것조차 우리가 처음부터 잘하던 일은 아니었어요. 지금은 우리 모두 잘 걸을 수 있고 심지어 한 발로 걸을 수도 또 뛸 수도 있지만 말이에요. 걸음마를 배우는 아기였을 때 수도 없이 넘어지고 넘어진 끝에 한두 걸음 걷게 되고 또 넘어지고 일어나기를 반복하면서 이렇게 잘 걸을 수 있게 된 거랍니다. 아무 일도 아닌 것 같지만 우리가 걷기 위해서는 몸의 중심을 유지하면서 걸음을 내딛는 연습을 수없이 해야 했다는 이야기예요.

글을 쓰는 것도 마찬가지예요. 아기가 계속해서 넘어지면서 걸음마를 배우는 것처럼 실수도 하고 틀리기도 하다 보면 어느 순간 작가처럼 멋진 글을 써내려 가는 자신을 발견할 수 있을 거예요. 자, 그러면 다 같이 한번 외쳐 볼까요? 도전!!!

3. 나도 작가!

1) 한국어로 글을 쓰는 순간 여러분도 한국어 작가입니다. 한 편의 글을 맛깔나게 써낼 수 있는 멋진 작가를 꿈꾸며 다음 글을 읽어 봅시다.

건강, 행복하게 살기 위해 가장 필요한 한 가지

1-1 여러분, 안녕하십니까? 오늘 행복하게 살기 위해 가장 필요한 한 가지라는 주제로 강연을 하게 된 최문석이라고 합니다. 만나서 반갑고 이렇게 강연을 통해 여러분과 함께하게 되어 무엇보다 기쁩니다. 모국어가 아닌 한국어로 수업을 듣고 생활하느라 어려움이 많을 텐데 아무쪼록 오늘 드리는 말씀이 대학이라는 새로운 무대에서 꿈을 펼쳐 나가고 있는 여러분의 앞날에 조금이나마 도움이 되었으면 합니다.

1-2 오늘 여러분에게 드릴 말씀은 행복하게 살기 위해 가장 필요한 세 가지 건강에 대한 이야기입니다. 한편으로는 건강한 대학 생활에 관한 이야기이기도 합니다. 건강이라고 하면 신체적인 측면의 건강만을 떠올리기 쉬운데요. 사실 현대인들에게는 신체적인 건강만큼이나 정신적인 측면의 건강도 중요합니다. 정신적인 스트레스에 시달리고 있는 사람들이 많고 우울증과 같은 정신 질환이 마음의 감기라고 할 정도로 흔한 질병이 되었기 때문입니다. 더불어 사회적 동물인 우리 인간에게는 주변 사람들과의 건강한 관계 역시 중요한데 몸과 마음이 아무리 건강하다고 해도 함께하는 가족이나 친구, 지인들과 문제가 생기면 행복하게 살기가 어렵기 때문입니다.

2 먼저 신체적 건강에 대해 말씀드리겠습니다. 여러분들은 누구보다 혈기 왕성한 20대 젊은이들이니 사실 신체적으로 건강에 문제가 있는

사람은 별로 없을 겁니다. 같은 이유로 건강에 특별히 신경을 쓰지 않는다고 해서 어느 날 갑자기 죽을병에 걸리거나 하는 일도 별로 없을 거고요. 하지만 건강하다고 자신하며 몸을 함부로 쓰고 불규칙한 생활을 하게 되면 머지않아 하나둘씩 몸에 문제가 생기기 시작합니다. 새벽 시간까지 잠을 안 자고 유튜브를 보거나, 시간에 쫓겨 끼니를 대충 때우거나 거르는 등의 생활이 반복되면 말이지요. 건강할 때 규칙적인 생활로 건강을 지켜야 하는 까닭입니다. 또 이왕이면 건강을 위해 꾸준히 운동을 하는 습관을 들여 보는 것도 좋을 것입니다. 젊은 시절 운동은 빠르게 걷기나 가벼운 조깅 같은 유산소운동과 '윗몸일으키기'나 '팔굽혀펴기' 같은 간단한 근육운동 정도면 충분할 것입니다.

주로 머리를 써서 공부를 해야 하는 학생들에게는 신체 활동이 부족하기 쉽다는 이유도 있지만 운동을 하게 되면 신진대사가 촉진돼 컨디션이 좋아지고 공부도 더 잘되기 때문입니다. 혹시 이런 걸 가리키는 사자성어가 뭔지 기억하는 사람 있어요? 맞아요. 역시 경희대학교 학생이네요. 일석이조라고 하죠. 운동하면서 느껴지는 상쾌한 기분(*러너스 하이 runners' high, 30분 이상 뛰었을 때 밀려오는 행복감. 헤로인이나 모르핀을 투약했을 때 나타나는 의식 상태나 행복감과 비슷하다. 다리와 팔이 가벼워지고 리듬감이 생기며 피로가 사라지면서 새로운 힘이 생긴다. - 국어국어원 우리말샘)을 한번 맛보고 싶지 않나요? 몸도 건강해지고 성적도 쑥쑥 오르게 하는 운동, 오늘부터 당장 시작해 보면 어떨까요?

3-1 자, 지금까지 육체적 측면에서의 건강에 대해 이야기를 나눴으니 이번에는 정신적 차원의 건강에 대해 알아봅시다. 앞에서도 이야기한 것처럼 현대인 중에는 정신적으로 스트레스에 시달리고 있는 사람이 많습니다. 여러 가지 이유가 있겠지만 직장인이라면 일, 학생이라면 공부가 가장 큰 원인 중의 하나일 것입니다. 하기 싫은 일을 억지로 해야 하

거나 잘 해내야 하는데 그게 쉽지 않을 때 마음이 불편하고 우울해지기 때문입니다. 하기 싫은 일에는 두 가지가 있는데 재미없고 귀찮아서 그냥 하기 싫은 것과 너무 어렵거나 익숙하지 않아서 하기가 두려운 것이 있습니다. 그냥 하기 싫은 건 일단 시작만 하면 해결되는 간단한 문제입니다. 일어나기 싫은 건 이불 속에 있을 때 드는 생각이어서 일단 일어나 버리기만 하면 일어나기 싫은 마음이 안 생기기 때문입니다. 우리의 마음은 몸 상태에 따라 자연스럽게 변하는 법입니다. 과제도 마찬가지입니다. 귀찮은 생각이 들더라도 일단 책상에 앉아 책을 펴고 노트북을 켜 보십시오. 언제 그랬냐는 듯 귀찮은 생각은 온데간데없고 열심히 과제를 하고 있는 자신을 발견하게 될 것입니다. 반면에 시험이나 발표는 부담스럽기도 하고 두렵기까지 한 일이라는 점에서 과제와는 좀 다릅니다.

사실 고향을 떠나 가족도 없는 낯선 환경에서 익숙하지 않은 언어로 학업을 해야 하는 여러분에게 불안하고 두려운 일이 한둘이 아닐 것입니다. 기본적으로 유학생활이라는 것 자체가 스트레스를 많이 받을 수밖에 없는 상황이기도 하고 한국 학생에게도 쉽지 않은 전공 공부를 모국어도 아닌 외국어로 해야 하니 말입니다. 이런 상황에서 스트레스를 안 받는다면 오히려 그게 이상한 일이겠지요.

3-2 그럼 어떻게 해야 할까요? 여러분에게 스트레스를 주는 두려운 것들을 최대한 빨리 스트레스를 주지 않는 것으로 바꾸어야 합니다. 사실 우리가 두려워하는 일들은 대부분 자주 해 보지 않아 낯설고 익숙하지 않은 것일 뿐이라고 합니다. 시험도 발표도 몇 번 하다 보면 무엇을 어떻게 해야 하는지 요령도 생기고 그다지 두렵지 않은 일이 될 겁니다. 오히려 뭔가가 두려운 이유는 처음부터 너무 잘하려고 하는 데서 비롯되는 경우가 많습니다. 처음에는 무사히 끝낸 것만으로도 충분히 칭찬받을 만한 일이니 지나치게 부담을 가질 필요가 없습니다. 다만, 시험이나 발

표는 한국어 실력에 비례해서 그 어려움이 줄어드는 만큼 전공 공부와 더불어 한국어 실력을 높이기 위한 노력은 계속해 나가야 합니다. 낯선 것, 이해되지 않았던 것들에 익숙해져서 잘 알고 잘하게 되면 두렵고 스트레스를 주던 것들이 말끔히 사라질 뿐만 아니라 즐겁고 성공적인 대학 생활이 가능해져 여러분의 꿈에 한걸음 가까이 다가갈 수 있을 것입니다.

4-1 벌써 세 번째인 건강, 건강한 관계에 대해 이야기를 할 시간이 되었네요. 몸과 마음이 아무리 건강해도 주변에 나를 힘들게 하고 같이 있기만 해도 불편한 사람이 있다면 결코 행복을 느끼기 어렵습니다. 가족, 친구, 직장 상사와 동료, 학교 선생님 등 주변 사람들과의 건강한 관계가 다른 무엇보다 우리 인생에서 중요한 이유입니다. 그런데 문제는 어디에서 무엇을 하건 같이 있는 게 불편하고 왠지 나하고 잘 안 맞는 것 같은 사람이 꼭 있다는 것입니다.

한국에서 가장 불편한 관계 중 하나로 시어머니와 며느리 사이를 많이 거론합니다. 그런 이야기 중의 하나인데요. 시어머니에게 시달리던 며느리가 참다못해 점쟁이를 찾아가 해결 방법을 물었습니다. 시어머니가 인절미를 가장 좋아한다는 말을 들은 점쟁이는 딱 두 달 동안만 정성을 다해 아침저녁으로 떡을 해 드리면 못된 시어머니가 없어질 거라고 일러 주었습니다. 며느리는 점쟁이가 시킨 대로 했고 처음에는 의아해하던 시어머니도 매일 자신이 제일 좋아하는 떡을 해다 주는 며느리가 점점 예뻐 보였습니다. 자연스레 잔소리도 줄고 꾸중 대신 칭찬을 하며 며느리를 친딸처럼 대하게 되었답니다. 어떤가요? 며느리에게 스트레스를 주던 못된 시어머니가 점쟁이 말처럼 정말 사라졌지요?

4-2 유학생활을 하다 보면 한국에서 다양한 사람들을 만나게 될 것입니다. 학교나 숙소에서, 또 이런저런 곳에서 말이지요. 저 사람은 왜 저

럴까? 왜 나한테만 이럴까? 사람들 때문에 이해가 안 되고 화가 나기도 하는 일들이 적지 않게 생길 것입니다. 그럴 때 시어머니와 며느리 이야기를 생각해 보면 좋을 것 같습니다. 한국 속담에 '미운 놈 떡 하나 더 준다.'라고 합니다. 불편한 친구가 있으면 먼저 말을 걸어 보세요. 불편했던 일에 대해 솔직하게 말을 하다 보면 오해가 풀리고 서로에 대해 이해하게 되어 오히려 가장 친한 친구가 될 수도 있습니다. 또 어려운 과목일수록 맨 앞에 앉아 선생님 말씀에 귀 기울여 열심히 수업을 들어 보세요. 선생님께 좋은 인상을 주어 사소한 것이라도 이야기할 기회가 생길 것입니다. 그러다 보면 수업을 듣는 게 즐거워지고 자연스레 좋은 결과로 이어지게 됩니다. 이렇게 학교에 좋아하는 사람이 하나둘 많아지다 보면 점점 학교가 가고 싶은 곳이 되고 나를 행복하게 하는 곳이 될 것입니다.

5 돈을 잃는 것은 조금 잃는 것이지만, 명예를 잃는 것은 많이 잃는 것이고, 건강을 잃는 것은 전부를 잃는 것이라고 합니다. 또 젊어서는 돈을 위해 건강을 포기하고 늙어서는 건강을 위해 돈을 쓴다고도 합니다. 얼핏 생각해 보면 우리가 행복하게 사는 데 필요한 것들이 무척이나 많아 보이지만 그중 건강이 첫째가는 요건인 이유입니다. 공기나 물처럼 우리가 생존하고 살아가는 데 없어서는 안 될 가장 소중한 것들은 너무 흔한 것이어서 그것의 소중함을 미처 깨닫지 못하는 경우가 많습니다. 건강도 마찬가지입니다. 다만, 그것을 지키기 위해서는 노력이 필요합니다. 깨끗한 공기와 물을 얻기 위해 환경을 보호해야 하는 것처럼 건강한 몸과 마음, 그리고 관계를 유지하자면 앞에서 이야기한 일들을 꾸준히 실천해 나가는 노력이 필요합니다. 강의를 듣는 여러분의 초롱초롱한 눈을 보니 다들 잘 해낼 수 있을 거라는 생각이 듭니다. 부디 오늘 저의 강연이 여러분의 건강하고 성공적인 대학 생활에 도움이 되길 바라며 이상으로 강의를 마칩니다. 감사합니다.

2) 여러분이 생각하는 '행복하게 살기 위해 가장 필요한 한 가지'는 무엇이고 그렇게 생각하는 이유는 무엇입니까? 자신의 경험을 토대로 생각해 봅시다.

3) '행복하게 살기 위해 가장 필요한 한 가지'를 얻기 위해 여러분이 해야 할 일에는 어떤 것들이 있습니까? 앞으로 그것을 얻거나 이루기 위해 여러분이 지금부터 실천해 나가야 할 것들에 대해 구체적으로 생각해 봅시다.

4) 앞 2), 3)의 내용을 종합하여 '○○, 행복하게 살기 위해 가장 필요한 한 가지'를 주제로 두 단락 정도의 글을 써 봅시다.

2부

나를 표현하는 글쓰기

1. 다시 가고 싶은 그곳

인간이 인간답다는 것은
의미 있는 장소로 가득한 세상에서 산다는 것이다.

— 에드워드 렐프

인간은 원래 자신을 둘러싼 환경과 일체감을 느끼며 관계를 맺으려는 욕구를 타고났다. 환경은 자연환경일 수도 있고, 일상생활을 꾸려 가는 구체적인 공간일 수도 있다. 그렇지만, 모든 환경에서 일체감을 느끼는 것은 아니다. 우리가 일체감을 느끼는 곳은 우리의 태도, 경험, 기억, 의도라는 렌즈를 통해 나만의, 우리만의 맥락화된 곳이다. 이를 나의 '장소'라 할 수 있다.

안정감과 안전감을 느끼며 애착을 갖는 곳으로서의 나의 '장소'는 나의 내면에 깊숙이 자리 잡고 있어, 나에게 위로와 안식처가 되기도 하며, 나를 설명하는 기준과 근원이고 나를 위로하는 나의 안식처이며, 나를 변화시키거나 성장케 한다. 하이데거의 인간 실존의 근원적 중심에는 장소가 존재한다는 말을 빌리지 않더라도, 누구나 자신의 깊은 내면 속에 새겨진 장소들이 각각의 기억과 떠오를 때마다 진한 만족감을 얻었던 경험이 있었을 것이다.

장소를 이야기해야 하는 이유는 무엇일까. 장소는 세계와 나 자신을 깊이 있고 충만하게 만나는 곳으로, 나를 나답게 하는 곳이기 때문이다. 우리는 각자 삶의 발자취를 따라 그 장소로 더듬어 가 보면서 누군가를 만나고, 무엇을 만난다. 장소와의 우연한 만남에서 얻어지는 것은 그 당시 나의 삶의 모습에 대한 감동, 순수한 개성과 나의 정체성에 대한 경험이다. 그렇게 내가 거주해 온 모든 장소와 그곳에서 만난 모든 사람과 사물들을 거쳐 지금 여기에 내가 있게 된 것이다.

그런 면에서 장소의 상실은 인간의 뿌리와 안전지대의 상실이고, 현대인은 장소가 줄어드는 시대에 살고 있기에 삶까지 작아진다고 한 에드워드 렐프의 말에 귀 기울이게 된다. 장소가 해체되고, 장소에 대한 감수성이 상실된 인간이 타인과의 소통에 실패한다면, 인간은 정체성의 위기를 맞게 될 것이다. 상실된 장소들을 복원하고자 하는 노력은 인간성의 회복을 위해 꼭 필요하다.

이 장에서는 총 네 편의 글이 소개된다. 첫 번째 글은 나의 존재를 설명하고 의미 있게 만드는 '나의 존재의 집'으로서 고향 집에 대해 쓴 글이며, 두 번째 글에서는 치유와 회복의 공간으로서의 '자신만의 장소'에 대해 쓴 글이다. 세 번째 글은 자신을 성찰하고 성장시키는 삶의 가치관을 되새기는 '근원의 장소'가 있음을 이야기한 글이다. 마지막 네 번째 글은 '장소 상실'이 곧 뿌리의 상실임을 환기하는 렐프의 글이다.

이제 나에게 말을 걸고 기억을 상기시키며 감정을 풍부하게 해 주는 '장소'를 소환해 다시 소유하는 작업을 해 보자.

생각하기

- 다음의 두 사진은 경상북도 영주댐 근처 마을이 물에 잠기기 전과 후의 사진이다. 달라진 점은 무엇인가?

- 과거의 기억을 상기시키고, 감정을 풍부하게 만들거나, 삶을 회복시키는 장소가 있는가? 어떤 장소인가?
- 이제까지의 자신을 잘 표현할 수 있는 장소가 있다면 어떤 곳인가?

추억의 집

우리 집 뒤란에는 커다란 밤나무가 한 그루 있었다. 할아버지가 낡은 집을 구입했을 때부터 자리하고 있던 나무다. 9월 하순이 되면 밤송이가 벌어지면서 밤알이 하나, 둘 떨어졌다. 우리는 입이 심심하면 생밤을 주워서 까먹곤 했다.

추석이 다가오면 온 가족 모두가 밤을 털었다. 아버지가 장대로 후려칠 때마다 밤송이들이 우수수 떨어졌다. 부모님은 일일이 밤송이를 깠고, 우리 세 자매는 경쟁적으로 왕밤을 주웠다.

"와아, 이 밤 정말 크다! 아빠, 이것 좀 봐요!"

나는 유독 큰 밤을 들고서 아버지에게 쪼르르 달려갔다.

"아빠는 그 밤 싫어! 걔는 밉상이거든."

"왜 밉상이야?"

"걔는 자기만 아는 욕심쟁이니까."

"아빠가 어떻게 알아요? 이 밤이 욕심쟁이인지 아닌지를?"

내가 뿌루퉁하게 묻자, 아버지가 왕밤을 꺼낸 밤송이 속을 집게로 뒤적거렸다. 그런 다음 밤껍질 같은 것을 꺼내어 내 손에 올려 주었다.

"이것 봐라. 요 욕심쟁이가 안에서 얼마나 욕심을 부렸으면 얘는 하나도 못 먹고 말라죽었겠니?"

자세히 보니 그것은 알맹이가 하나도 없는 빈 껍질이었다. 아버지는 떨어져 있는 밤송이 하나를 집어 내 눈앞에 벌렸다.

"사랑아, 밤은 이런 게 예쁜 거야. 밤 세 톨 모두 크기가 고르잖아. 밤송이 안에서 세 자매가 오순도순 사이좋게 음식을 나눠 먹으며 계절을 난

거지. 서로 돕고, 의지하면서 말이야."

아닌 게 아니라 그 밤들은 크기가 비슷했고, 손바닥 위에 올려놓고 보니 의좋은 형제 같았다.

아버지는 매해 가을마다 우리를 불러서 밤을 털었고, 똑같은 이야기를 반복했다. 우리가 중고등학생이 되었을 때는 하도 많이 들어서 외울 지경이었다. 우리는 밤을 털면서 아버지 말투를 다소 과장해서 흉내 내곤 했다.

"와아, 이 밤은 엄청 우애가 좋았나 보네, 세 자매가 어쩜 이렇게 매끈하게 잘 자랐니? 너희는 분명 복 받을 거다. 심성이 하나같이 착해서…."

(중략)

가장 서럽게 운 사람은 남편이 의사인데도 어머니의 협심증을 몰랐다는 사실에 가슴앓이를 하고 있었던 큰언니였다. 아버지가 등을 토닥여 주며 달래자 큰언니가 손을 뿌리치며 소리쳤다.

"밤나무 없이 밤송이가 어떻게 열려? 낳아만 놓으면 다야? 끝까지 함께 가야지!"

그 순간, 어디선가 밤송이가 툭 하고 떨어지는 소리가 들려왔다.

우리가 살았던 옛날 집은 모두 헐리고 지금은 아파트 단지가 들어서 있다. 그러나 나는 가끔씩 환상처럼 그곳으로 찾아가곤 한다.

아이를 태운 유치원 차가 시야에서 사라지는 걸 확인하고 돌아서는 순간, 텔레비전을 켜 놓고 빨래를 개다 검푸른 바다에서 헤엄치고 있는 돌고래 떼를 발견했을 때, 노랗게 물든 은행잎이 나풀거리며 시장바구니에 내려앉을 때, 오랜만에 만난 친구와 헤어져 버스 정류장으로 향하다가 어디선가 들려오는 크리스마스 캐럴을 듣기 위해 걸음을 멈췄을 때….

나무문을 슬며시 밀면 정겹게 삐거덕대는 소리, 눈에 익은 꽃나무와 연못… 반듯하게 서 있는 건물을 돌아서 뒤란으로 가면 한창 밤을 털고 있는 가족을 만날 수 있다. 손바닥에 밤 세 톨을 올려놓고서 흐뭇한 눈길로 바라보고 있는 아버지, 뭐가 그리도 재미있는지 까르르 웃고 있는 어머니, 초롱초롱한 눈을 반짝이며 왕밤을 줍기에 여념이 없는 세 자매를 바라보고 있으면 왠지 모르게 가슴이 따뜻해진다.

- 한창욱, 『그리운 당신 아버지』, 다연, 2013, 16-31쪽.

생각거리 & 토론거리

- 글쓴이의 기억 속 아버지는 어떤 모습인가?
- 글쓴이는 언제 추억의 집으로 찾아가고, 무슨 이유로 찾아가는가?
- 여러분은 지금까지 어떤 장소에 거주해 왔는가. 그중 내 '뿌리'가 되어 준 곳은 어디인가?
- '장소가 없는 삶은 없다.'는 말의 의미에 대해 이야기를 나눠 보자.

글쓰기 과제

- 지금 자신에게 떠오르는 추억의 집이 있다면, 그 집이 자신과 어떤 관련이 있는지 한 단락의 글을 써 보자.

퀘렌시아 – 자아 회복의 장소를 찾아서

투우장 한쪽에는 소가 안전하다고 느끼는, 사람들에게는 보이지 않는 구역이 있다. 투우사와 싸우다가 지친 소는 자신이 정한 그 장소로 가서 숨을 고르며 힘을 모은다. 기운을 되찾아 계속 싸우기 위해서다. 그곳에 있으면 소는 더 이상 두렵지 않다. 소만 아는 그 자리를 스페인어로 퀘렌시아Querencia라고 부른다. 피난처, 안식처라는 뜻이다.

퀘렌시아는 회복의 장소이다. 세상의 위험으로부터 자신이 안전하다고 느끼는 곳, 힘들고 지쳤을 때 기운을 얻는 곳, 본연의 자기 자신에 가장 가까워지는 곳이다. 산양이나 순록이 두려움 없이 풀을 뜯는 비밀의 장소, 독수리가 마음 놓고 둥지를 트는 거처, 곤충이 비를 피하는 나뭇잎 뒷면, 땅두더쥐가 숨는 굴이 모두 그곳이다. 안전하고 평화로운 나만의 작은 영역. 명상에서는 이 퀘렌시아를 '인간 내면에 있는 성소'에 비유한다. 명상 역시 자기 안에서 퀘렌시아를 발견하려는 시도이다.

전에 공동체 생활을 할 때, 날마다 열 명이 넘는 방문객이 찾아왔다. 지방에서 온 이들은 며칠씩 묵어가기도 했다. 살아온 환경과 개성이 다른 사람들로 늘 북적였다. 다행히 집 뒤쪽, 외부인의 출입이 차단된 작은 방이 내게 중요한 휴식처가 되어 주었다. 그곳은 오로지 나만을 위한 공간, 나의 퀘렌시아였다. 한두 시간 그 방에 앉아 있는 것만으로도 사람들을 다시 만날 기운이 생겼다. 그 비밀의 방이 없었다면 심신이 고갈되고 사람들에게 치였을 것이다.

내가 만난 영적 스승들이나 명상 교사들도 매일 수많은 사람들과 수행자들을 만나지만 수시로 자신만의 장소에 머물며 새로운 기운을 얻고,

그럼으로써 더 많은 이들에게 가르침을 펼 수 있었다. 그렇지 않으면 영혼의 샘이 바닥난다.

내 삶에 힘든 순간들이 있었다. 그 순간들을 피해 호흡을 고르지 않으면 극단적인 선택을 하거나 부정적인 감정들로 마음이 피폐해질 수 있었다. 그럴 때마다 여행은 나만의 퀘렌시아였다. 여행지에 도착하는 순간 문제들을 내려놓고, 온전히 나 자신이 되었으며, 마음의 평화를 되찾았다. 그러고 나면 얼마 후 새로운 의욕을 가지고 다시 삶 속으로 뛰어들 수 있었다.

동물들은 본능적으로 퀘렌시아를 안다. 뱀과 개구리는 체온으로 동면의 시기를 정확히 알며, 제주왕나비와 두루미도 매년 이동할 때가 되면 어디로 날아가 휴식할지를 안다. 그것은 존재계가 생명을 지속하기 위한 본능적인 부름이다. 그 휴식이 없으면 생명 활동의 원천이 바닥난다. 인간 역시 언제 일을 내려놓고 쉬어야 하는지 안다. 우리가 귀를 기울이면 몸이 우리에게 말해 준다. 퀘렌시아가 필요한 순간임을. 나 자신으로 통하는 본연의 자리, 세상과 마주할 힘을 얻을 장소가 필요하다는 것을.

장소만이 아니다. 결 좋은 목재를 구해다 책상이나 책꽂이 만드는 일에 집중하고 있으면 번뇌가 사라지고 새 기운이 솟는다. 그 자체로 자기 정화의 시간이다. 좋아하는 공간, 가슴 뛰는 일을 하는 시간, 사랑하는 이와의 만남, 이 모두가 우리 삶에 퀘렌시아의 역할을 한다. 소음으로부터 벗어난 곳에서의 명상과 피정, 기도와 묵상의 시간, 하루 일과를 마치고 평화로운 음악이나 풀벌레 소리에 귀 기울이는 밤, 내면세계의 안식처를 발견하는 그 시간들이 모두 퀘렌시아이다. 막힌 숨을 트이게 하는 그런 순간들이 없으면 생의 에너지가 메마르고 생각이 거칠어진다.

투우장의 퀘렌시아는 처음부터 정해져 있는 것이 아니다. 투우가 진행되는 동안 소는 어디가 자신에게 가장 안전한 장소이며 숨을 고를 수 있는 자리인지를 살핀다. 그리고 그 장소를 자신의 퀘렌시아로 삼는다. 투우사는 소와의 싸움에서 이기려면 그 장소를 알아내어 소가 그곳으로 가지 못하게 막아야 한다. 투우를 이해하기 위해 수백 번 넘게 투우장을 드나든 헤밍웨이는 "퀘렌시아에 있을 때 소는 말할 수 없이 강해져서 쓰러뜨리는 것이 불가능하다."라고 썼다.

삶은 자주 위협적이고 도전적이어서 우리의 통제 능력을 벗어난 상황들이 펼쳐진다. 그때 우리는 구석에 몰린 소처럼 두렵고 무력해진다. 그럴 때마다 자신만의 영역으로 물러나 호흡을 고르고, 마음을 추스르고, 살아갈 힘을 회복하는 것이 필요하다. 숨을 고르는 일은 곧 마음을 고르는 일이다.

히말라야 트레킹, 고산 부족과의 생활, 나를 가족처럼 보살펴 준 오지 마을 사람들, 갠지스강의 작은 배 위에 누워 무념무상하게 바라보던 파란 하늘, 앞니 네 개 부러진 탁발승과 사과를 깨물어 먹을 수 있는가 시험하며 천진난만하게 웃던 일들…. 이런 '쉼'의 순간들이 없었다면 나 역시 건강한 삶을 유지하기 어려웠을 것이다. 누군가 말했듯이, 인생은 쉼표 없는 악보와 같기 때문에 연주자가 필요할 때마다 스스로 쉼표를 매겨 가며 연주해야만 한다.

가장 진실한 자기 자신이 될 수 있는 곳, 그곳이 바로 퀘렌시아이다. 나아가 언제 어디서나 진실한 자신이 될 수 있다면, 싸움을 멈추고 평화로움 안에 머물 수 있다면, 이 세상 모든 곳이 퀘렌시아가 될 수 있다. 신은 본래 이 세상을 그런 장소로 창조했다. 자연스러운 나로 존재하는 곳으로, 아메리카 인디언들처럼 세상과 대지와의 교감 속에서 활력을 얻고 영적으로 충만해지는 장소로. 그런 세상을 투우장으로 만드는 것은 우리 자신들이다.

지금 이 글을 쓰는 시간도 내게는 소중한 퀘렌시아의 시간이다. 트라

피스트회 신부 토머스 머튼의 말대로 우리 안에는 새로워지려는, 다시 생기를 얻으려는 본능이 있다. '자신의 삶을 변화시키는 힘'을 자기 안에서 깨우려는 의지가. 우리는 본능적으로 자아 회복의 장소를 찾고 있으며, 삶에 매몰되어 가기만 하는 것이 아니라 스스로 치유하고 온전해지려는 의지를 지니고 있다.

당신에게 퀘렌시아의 시간은 언제인가? 일요일마다 하는 산행, 바닷가에서 감상하는 일몰, 낯선 장소로의 여행, 새로운 풍경과 사람들과의 만남…. 혹은 음악이든 그림이든 책 한 권의 여유든 주기적으로 나를 쉬게 하고, 기쁘게 하고, 삶의 의지와 꿈을 되찾게 하는 일들 모두 퀘렌시아가 될 수 있다. 좋은 시와 글을 종이에 베껴 적거나 소리 내어 읽는 것 같은 소소한 일도 그런 역할을 한다.

긴 여행이 불가능할 때 나는 이틀 정도 시간을 내어 제주도의 오름을 오르거나 사려니숲길을 걷는다. 그곳에서 흙과 햇빛과 바람, 성스러운 기운들과 일체가 된다. 그때 발걸음이 곧 날개가 된다. 자연과 연결되는 장소, 대지와 하나 되는 시간만큼 우리를 회복시켜 주는 것은 없다. 그때 우리는 인도의 오래된 경전 『아슈타바크라 기타』의 말을 이해하게 된다.

"삶의 파도들이 일어나고 가라앉게 두라. 너는 잃을 것도 얻을 것도 없다. 너는 바다 그 자체이므로."

삶에서 소중한 것을 잃었을 때, 매일매일이 단조로워 주위 세계가 무채색으로 보일 때, 사랑하는 사람들로부터 상처받아 심장이 무너질 때, 혹은 정신이 고갈되어 자신이 누구인지 잊어버렸을 때, 그때가 바로 자신의 퀘렌시아를 찾아야 할 때이다. 그곳에서 누구로부터도, 어떤 계산으로부터도 방해받지 않는 혼자만의 시간, 자유 영혼의 순간을 가져야 한다. 그것이 건강한 자아를 회복하는 길이다.

나의 퀘렌시아는 어디인가? 가장 나 자신답고 온전히 나 자신일 수 있는 곳은? 너무 멀리 가기 전에 자기 자신에게로 돌아와야 한다. 나의 퀘렌시아를 갖는 일이 곧 나를 지키고 삶을 사랑하는 길이다.

- 류시화, 『새는 날아가면서 뒤돌아보지 않는다』, 더숲, 2017, 12-17쪽.

생각거리 & 토론거리

- '퀘렌시아'란 무엇인가?
- 글쓴이가 퀘렌시아의 역할을 하는 것들로 언급한 것은 어떠한 것인가?
- 나에게 위로와 안식처가 되는 '나만의 장소'가 있는가?
- 아프거나 외로운 곳이기에 되돌아가 보고 싶은 자리도 있다. 나만의 고통과 고독이 새겨진 장소로 돌아가 그때의 나에게 말을 건네 보자.

글쓰기 과제

- 자신의 방에 이름을 지어 보고, 그 이름을 붙인 이유를 다른 사람에게 소개하는 글을 두 단락으로 써 보자.

손에 대한 묵상

사람은 태어나서 엄마의 손부터 먼저 잡는다. 아기는 엄마가 손을 잡아 주지 않으면 단 한시도 살아갈 수가 없다. 엄마가 손을 잡아 주지 않으면 위험한 데로 기어가 마냥 곤두박질치고 만다. 걸음마를 배울 때에도 엄마의 손을 따라 배운다. 토닥토닥 토닥여 주는 엄마의 손을 통해 아기는 크나큰 사랑과 평온을 얻는다. 엄마의 손은 바로 생명의 손이며, 신의 손을 대신해 준다.

나에게도 나를 길러 준 어머니의 손이 있다. 내가 눈물을 흘릴 때 어머니의 손은 언제나 내 눈물을 닦아 주었다. 내가 상처받고 고통스러워할 때 어머니의 손은 언제나 내 상처를 어루만져 주었다. 이러한 어머니의 손이 없었다면 오늘 한 인간으로서의 나는 없었을 것이다.

생각해 보면 어머니의 손은 참으로 부지런한 손이다. 잠시도 쉬지 않고 일하는 손이다. 아흔에 돌아가신 외할머니가 돌아가실 때까지 손에 호미를 놓지 않으신 것처럼 어머니 또한 손에 일거리를 놓지 않으신다. 여든이 된 내 어머니의 손은 지금(2001년)도 바느질을 하고 재봉틀을 돌리고 걸레를 빨고 밥을 짓는다.

손은 열심히 일할 때 아름답다. 놀고 있는 게으른 손은 추악하다. 많은 사람들이 일하지도 않는 손을 정성껏 가꾼다. 그런 손은 겉으로는 아름다운 것 같으나 실은 아름다움을 상실한 가공의 손이다. 못 자국이 난 예수의 손에도 십자가에 매달려 못 박히기 전에는 목수로서 일하면서 생긴 굳은살이 박여 있었다.

나는 누구를 처음 만났을 때 그 사람의 손을 먼저 살펴본다. 손이 그의 삶의 전부를 말해 줄 때가 있기 때문이다. 처음 만난 사람과 악수를 해 보고 그의 손에서 느껴지는 여러 가지 감도를 통해 그가 어떠한 직업을 가지고 어떠한 삶을 살아왔으며 성격 또한 어떠한지를 잘 알 수 있는 것은 손이 바로 인간의 마음의 거울이자 삶의 거울이기 때문이다.

나는 어머니의 손처럼 다른 사람의 눈물과 상처를 닦아 주는 손을 소중히 여긴다. 가을 들판의 볏단처럼 고요히 머리 숙여 기도하는 겸허한 손을 소중히 여긴다.

어릴 때 나는 교회에 나가시는 어머니를 자주 따라갔다. 어머니는 누구보다도 일찍 일어나 새벽기도를 가셨다. 교회의 차디찬 마룻바닥에 꿇어앉아 두 손을 공손히 모으고 기도하던 어머니의 그 겸손한 손이 지금도 잊히지 않는다. 우리 집 안방에 걸려 있던 예수의 사진 또한 마찬가지다. 골고다 언덕에서 가시관을 쓴 머리에 피를 흘리며 무릎을 꿇고 두 손을 모아 하늘을 우러러 간절히 기도하는 예수의 손이야말로 우리 인간의 눈물과 상처를 닦아 주고 어루만져 주는 사랑의 손이다.

나에게는 결코 잊을 수 없는 또 하나의 손이 있다. 그것은 그림 속의 손으로, 한 조각 빵을 앞에 두고 식사하기 전에 눈을 감고 고개 숙여 기도하는 한 노인의 손이다. 그 그림은 미국의 사진작가 에릭 엔스트롬이 찍은 사진을 그의 딸이 그린 그림 〈은혜Grace〉로, 그림 속의 노인은 흰 수염이 길게 자라 있고 식탁 위에는 성경과 안경, 빵 한 덩이와 수프가 놓여 있다. 나는 그 그림을 볼 때마다 한 조각 빵 앞에서도 감사의 기도를 올리는 한 인간의 겸손하고 경건한 손을 생각한다.

그리고 또 하나, 화순 운주사 석불들의 손을 빼놓을 수 없다. 천불천탑이 있었다는 운주사에는 아직 70여 기의 석불들이 남아 있다. 여인인 양 다소곳이 가슴께로 두 손을 모으고 사랑하는 임을 영원히 기다리고 있는 듯한 석불들의 모습은 내게 기다림의 진실된 자세를 가르쳐 준다.

와불님을 뵈러 올라가는 길에 만날 수 있는 한 좌불 석불은, 텅 빈 두 손바닥은 하늘을 향해 드러내 놓고, 감은 듯한 두 눈은 멀리 영원을 바라보는 듯해서 자못 감동적이다. 세상사 모든 욕망을 벗어 버린 듯한 그 석불의 모습에서 무엇을 포기하고 오늘을 살아야 하는지를 뒤미처 깨닫는다.

사람은 빈손으로 태어나서 빈손으로 간다. 우리는 이 말을 늘 잊고 산다. 그러나 아무리 잊고 살아도 이 세상을 떠날 때는 모든 것을 다 놓고 가야 한다. 아무리 손에 많은 것을 지녔다 하더라도 검불 하나 지니고 가지 못한다. 내가 어머니한테서 태어나 최초로 어머니의 손을 잡을 때에도 빈손이지 않았던가.

내가 누구의 손을 잡기 위해서는 내 손이 빈손이어야 한다. 내 손에 너무 많은 것을 올려놓거나 너무 많은 것을 움켜쥐지 말아야 한다. 내 손에 다른 무엇이 가득 들어 있는 한 남의 손을 잡을 수는 없다. 소유의 손은 반드시 상처를 입으나 텅 빈 손은 다른 사람의 생명을 구한다.

그동안 내가 빈손이 되어 다른 사람의 손을 얼마만큼 잡았는지 참으로 부끄럽다. 내가 처음 아버지가 되어 아기의 손을 잡았을 때 아기는 내 손가락 한끝을 꼭 잡고 놓아주지 않았다. 지금이라도 나도 그러한 아기의 손을 지니고 싶다.

- 정호승, 『외로워도 외롭지 않다』, 비채, 2020, 339-343쪽.

생각거리 & 토론거리

- 글쓴이가 어머니 '손'을 '신의 손'에 비유한 까닭은 무엇인가?
- 글쓴이에게 '잊을 수 없는 손'은 어떤 손인가?
- '어머니의 손'에 대한 기억과 경험이 글쓴이로 하여금 어떠한 관심과 바람을 갖게 했는가?

- 구체적 장소가 아니더라도 나를 성찰하고 성장에 관계하는 '장소 역할'을 하는 것이 있는지 이야기를 나눠 보자.

글쓰기 과제

- '엄마의 손'처럼 나의 정체성을 형성하거나, 성장하게 한 '장소 역할'을 한 부모님이나 형제, 친구의 '몸'이 있는가? 그것이 자신에게 어떤 의미를 가지게 되었는지 세 단락의 글을 써 보자.

뿌리뽑힘과 장소에 대한 관심

장소를 공동체의 한 사람으로 경험하든 개인적으로 경험하든 거기에는 보통 긴밀한 애착, 즉 친밀감이 생기는데, 친밀감은 특정 장소에서 여기를 알게 되고 알려지게 되는 과정의 일부이다. 우리가 장소에 내린 뿌리는 바로 이 애착으로 구성된 것이며, 이 애착이 포괄하고 있는 친밀감은 단지 장소에 대해 세부적인 것까지 알고 있는 것만이 아니라 그 장소에 대한 깊은 배려와 관심이다.

장소에 대한 애착을 갖게 되고 그 장소와 깊은 유대를 가진다는 것은 인간의 중요한 욕구이다. 시몬느 베이유(Simone Weil)는 『뿌리에의 욕망(The Need for Roots)』에서 다음과 같이 썼다.

> 뿌리를 내린다는 것은 아마도 인간의 영혼에서 가장 중요하지만 가장 적게 인식되는 욕망이다. 그것은 가장 정의하기 어려운 것 중의 하나이다. 인간은 공동체 생활에 적극적이고 자연스럽게 참여함으로써 뿌리를 갖게 된다. 이를 통해 공동체의 특정한 생활 형태가 미래에도 계속 고수될 수 있다. 이러한 공동체에의 참여가 장소나 출생 조건, 직업, 사회적 환경에 의해 자동적으로 유발된다는 점에서, 그 참여는 자연스러운 것이다. 인간은 누구나 다양한 뿌리를 가질 필요가 있다. 인간은 자신이 일부를 이루는 환경을 통해서 도덕적, 지적, 정신적 삶 전체를 영위해야만 한다.

베이유가 함축적으로 제시했듯이, 뿌리에의 욕망은 질서 · 자유 · 책임 · 평등 · 안전에의 욕망과 동등하거나 그 이상이다. 그리고 사실 어떤 장소에 뿌리를 내리는 것은 '영혼의 다른 욕망들'을 충족시키기 위해 필요한 전제 조건일 것이다.

(중략)

한 장소에 뿌리를 내린다는 것은 세상을 내다보는 안전지대를 가지는 것이며, 사물의 질서 속에서 자신의 입장을 확고하게 파악하는 것이며, 그리고 특정한 어딘가에 의미 있는 정신적으로 심리적 애착을 가지는 것이다.

우리가 가장 애착을 가지는 장소들은 글자 그대로 관심의 영역으로, 그 속에 우리의 복잡다단한 경험이 있으며 또 아주 복잡한 애정과 반응을 불러일으키는 환경이다. 그러나 장소를 소중히 여긴다는 것은 과거의 어떤 경험과 미래에 대한 기대 때문에 가지는 관심 이상이다. 즉, 장소는 자체의 특성과 그것이 당신과 다른 사람들에게 주는 의미 때문에 장소에 대한 진정한 책임과 존경이 존재한다. 실제로 어떤 장소에 대한 전적인 관심, 사람이 할 수 있는 어느 것 못지않은 심오한 관심이 거기에 있다. 소중히 한다는 것care-taking은 실제로 "인간이 세계와 맺는 관계의 기초"이기 때문이다.

그런 헌신과 책임에는 하이데거가 '아낌sparing'이라고 부른 것도 포함된다. 즉, 아낌이란 사물, 여기서는 장소를, 그것이 존재하는 방식 그대로 두는 것이다. 다시 말하면, 장소의 본질 자체에 대한 관용이다. 또 장소를 무리하게 인간의 의지에 복종시키려 하지 않으면서 건물을 세우거나 농사를 지음으로써 장소를 돌보는 것이다.

- 에드워드 렐프, 김덕현 외 옮김, 『장소와 장소상실』, 논형, 2005, 93-96쪽.

생각거리 & 토론거리

- 애착이 가는 나의 장소가 있는가?
- '뿌리를 내린다.'는 것과 '뿌리가 뽑힌다.'는 것은 어떤 의미인가?
- 장소를 존재하는 방식 그대로 두고자 하는 것은 어떤 이유에서일지 자신의 경험을 바탕으로 자유롭게 이야기를 나눠 보자.

글쓰기 과제

- 나의 뿌리인 '나의 장소'가 시간의 경과에 따라 어떻게 변화되었는지 요약적으로 제시하는, 세 단락의 글을 써 보자.

서사

1. 서사의 정의

서사(narrative)란 시간의 경과에 따라 펼쳐지는 행동이나 사건의 시간적 변화를 기술하는 글쓰기 방법이다. 어느 시점의 상황과 그 이후 어느 시점의 상황 사이에 격차가 클 경우, 그것을 사건이라 하고 변화된 그 사이에 '무슨 일이 있었는가?'라는 물음을 서사라 할 수 있다. 그래서 누가 어떻게 하느냐, 무엇이 어떻게 움직이느냐, 그 사건이 어떻게 진행되느냐 하는 것을 시간의 순서에 따라 써내려 가므로 변화나 움직임이 서사의 중요한 서술 대상이 된다.

'왕이 죽자 왕비도 죽었다.' 이것은 시간의 연속에 따라 정리된 사건의 서술이다. 하지만 이것만으로는 완성된 서사문이라고 하기는 어렵다. 왜냐하면 '왕이 죽은 것'과 '왕비가 죽은 것' 사이에는 인과관계가 성립되지 않기 때문이다. 그렇지만 이 두 사건 사이에 '왕비가 죽은 이유는 슬픔이었다.'라는 하나의 원인이 마련되면, 이는 시간의 연속성을 유발할 수 있다. 그리고 그다음 사건에 대한 호기심을 불러일으키게 된다. 이처럼 두 개의 사건 사이에 인과관계를 만들어 주는 것을 플롯(plot)이라 한다. 플롯은 앞뒤의 사건을 하나로 구성하는 매개물로, 서사를 서사답게 만든다.

이와 같이 서사는 사건의 시간적 변화와 움직임을 제시하면서도, 인과관계가 있는 이야기의 전달을 통해 일정한 의미와 가치를 전달해야 한다.

2. 서사의 기술 시 고려 사항

1) 시간을 나타내는 어구를 사용하라

서사는 시간의 경과에 따른 변화와 움직임을 서술하는 것이므로 시간에 대한 인식이 분명하게 드러나도록 해야 한다. 예를 들어, 앞의 예문 〈추억의 집〉에서처럼 '추석이 다가오면', '매해 가을마다', '그 순간'과 같은 시간 관계를 나타내는 부사어구를 사용하면 된다.

2) 사건에 인과성을 부여하라

누가, 언제, 어디서, 무엇을, 왜, 어떻게 하였고 그 결과는 어떠한가를 서술해야 한다. 내용이 길거나 복잡한 경우에는 중심 사건과 주변 사건을 구분하거나 사건의 단계나 양상에 따라 나눠 서술함으로써 각 사건을 일정한 질서에 따라 배열하면 된다.

3) 이야기를 통해 어떤 변화를 나타낼지를 정하라

단순한 사건의 연쇄가 아니라 일정한 의미와 가치를 전달하려는 목표를 가져야 한다. 사건에 인과성을 부여할 때, 어떤 의미의 흐름을 갖게 할 것인지를 사전에 정해야 한다.

3. 서사의 기술 방법

서사는 시간의 변화에 따른 대상의 변화를 표현한 것으로 사건이나 상황의 변화, 인물의 성장 등을 설명하는 데 적당하다. 시간을 어떻게 제시하는가에 따라 요약적 제시 방법과 장면 제시 방법이 있다.

비문학적인 글에서의 서사는 시간의 경과에 따라 사건의 전말이 어떻게 변화 전개되었는가에 초점을 두어, 변화되거나 진행된 내용을 쉽게 알리는 데 목적이 있기 때문에 시간적인 순서를 중시하되 사건의 진행을 가속한다. 반면 문학적인 글에서의 서사는 이야기를 이끌어 가는 특정한 인물에 관한 서술에서부터, 인물들이 벌이는 행동의 인과관계에 이르는 과정을 드러내 보이는 역할을 한다. 이러한 문학적 글쓰기에서의 서사는 느슨한 속도로 장면을 제시함으로써 현장감을 높이는 효과를 거둘 수 있다.

요약적 제시를 사용한 서사 예시

1974년 울산에서 태어난 이 씨는 운동을 좋아하는 활발한 성격의 대학생이었다. 고려대 무역학과에 재학 중이던 이 씨는 '한 · 일 교역 부문에서 확실한 1인자가 되고 싶다.'는 목표로 일본 유학길에 올랐다.

'아카몬카이' 일본어 학교에 입학해 최상위 성적을 기록하며 꿈을 키워 갔다. 어느 날 저녁, 이 씨는 아르바이트를 마치고 신오쿠보역에서 기숙사로 돌아가는 열차를 기다리고 있었다. 그때 술에 취한 한 승객이 반대편 선로로 추락하는 것을 보게 된다. 이 씨는 즉시 선로에 뛰어내려 그를 붙잡고 일으키려고 노력했다. 한 사람이 더 선로로 내려와 거들었다. 바로 그 순간 전차가 진입했고, 셋은 함께 전차에 치여 숨졌다. 또 한 사람은 일본인인 것으로 밝혀졌고, 이들은 서로 전혀 모르는 관계였다. 당시 아사히신문 등 일본 언론은 "술 취한 승객을 구하기 위해 자신의 목숨까지 던진 살신성인(殺身成仁)"이라며 이 씨의 안타까운 사연을 크게 보도했다. 일본 사회는 그를 의인(義人)이라 칭하며 추모했다.

벌써 10년 전 일이지만 아직도 그의 정신은 이어지고 있다. 한 · 일 교류에 이바지하고 싶다는 이 씨의 뜻을 살려 일본으로 유학 오는 한국 등 아시아 유학생들을 지원하는 '이수현 아시아 장학기금'이 10년

째 운영되고 있다. 그동안 485명의 유학생이 이 기금으로 공부했다.

기일마다 도쿄로 이 씨 부모를 초청해 열어 온 '추모 모임'은 이 씨 부모의 건강과 일정상의 이유로 올해 10주기를 끝으로 막을 내린다. 하지만 장학기금 실행위원회는 "자체적으로 추모행사를 더 다양하게 펼쳐 나갈 것"이라며 "일본인들은 이씨를 영원히 잊지 않을 것"이라고 밝혔다. 이 씨의 이야기는 2008년 한 · 일 합작 영화 〈너를 잊지 않을 거야〉로 만들어지기도 했다.

지금도 제2 · 3의 이수현이 훈훈한 미담을 전하고 있다. 2006년 유학생 신현구 씨가 같은 장소인 신오쿠보역에서 여학생을 구했고, 지난해에는 도쿄대 박사과정 중인 이준 씨가 도쿄 지요다센 네즈역에서 60세의 남성을 구하고 홀연히 사라지는 등 용감한 행동으로 일본 열도에 감동을 주기도 했다.

- 「[어제의 오늘] 2001년 이수현 씨, 일본인 구하다 사망… 일본열도를 감동시킨 살신성인」, 경향신문, 2011. 01. 26.

장면 제시를 사용한 서사 예시

자전거에 도둑이 생겼다. 정확히 표현하자면 나 몰래 훔쳐 타는 얌체족이었다. 내 골반뼈 높이에 맞춰 놓은 자전거 안장이 엉덩이 밑선으로 밀려가 있었고, 바퀴 틈새에는 방금 묻어난 것 같은 황토물이 군데군데 배어 있곤 하는 게 바로 그 증거였다.

누군지는 몰라도 현관문 밖의 도시가스 연결 파이프에 쇠줄로 붙들어 매 놓은 자전거의 자물쇠를 풀고 몰고 다닌 다음 내가 퇴근해 돌아오기 전에 얌전히 제자리에 갖다 놓곤 하는 모양이었다. 신문사 일이라는 게 저녁 늦게 끝나기가 일쑤인데다 퇴근 후 술자리를 워낙 좋아하는 나로서는 낮에 무슨 일이 일어나는지 알 도리가 없었다. 가만히 생각해 보니 자전거를 산 지 얼마 되지 않아 자전거를 고정시킬 쇠줄의 열쇠 하나를 잃어버렸다. 하지만 살 때부터 열쇠를 세 개씩이나 받아 뒀기에 이내 그 사실을 잊어버리고 지냈다.

– 김소진, 『자전거 도둑』, 문학동네, 2002, 146쪽.

글쓰기 과제

- 서사 기술 시 고려 사항을 유의하면서, 세 상황을 대응시켜 한 단락의 짧은 서사문을 만들어 보자.

① 상황1 영화감독이 눈물을 흘렸다.
상황2 극장에는 아무도 없다.
상황3 한 중년 여성이 어린아이를 안고 억지로 웃는다.

② 상황1 이어폰을 끼고 음악을 듣는 청년이 횡단보도 위에 서 있다.
상황2 도로 위에 노란 참외가 굴러다닌다.
상황3 과수원 원두막 위에서 한 부부가 낮잠을 자고 있다

'나만의 장소' 찾기

캠퍼스 안에 '나만의 장소'를 마련하자. 힘들고 지칠 때, 뭔가 깊이 생각하고 결단을 내려야 할 때 혼자 찾아가 지혜와 용기를 되찾을 수 있는 장소가 있어야 한다. 그런 장소에서 우리는 저마다 '내가 원하는 나'로 성장하고 성숙할 것이다. 자, 이제 강의실 밖으로 나가자!

강의실 밖으로 나갈 때 유의할 사항

- 스마트폰과 노트, 가방 등 소지품을 강의실에 놓고 '맨몸'으로 나간다.
- 실내로는 들어가지 않는다. 하늘이 보이는 실외에서 '나만의 장소'를 찾는다.
- 반드시 혼자 다니며 '나만의 장소'를 찾는다.
- 다른 사람과 이야기를 나누지 않는다.
- 시각, 청각, 후각, 미각, 촉각을 고루 사용하며 자연을 관찰하고 느낀다.
- 한 장소에서 혼자 30분 이상 앉아 깊이 생각한다.
- 강의실로 돌아와 장소에서 보고 느끼고 생각한 것을 구체적으로 메모한다.

2. 잊을 수 없는 음식

만여 명의 한국인들을 대상으로 '나를 위로하는 음식'을 조사한 결과, '떡볶이'가 1위로 뽑혔다. 그다음으로는 치킨, 김치찌개, 삼겹살, 삼계탕 등이 뒤를 이었다. 조사 결과를 보면 지칠 때 힘이 되는 음식들은 특별하고 값비싼 음식이 아니었다. 모두 우리가 익히 아는 음식이자, 일상에서 가장 쉽게 접하는 음식들이라는 공통점이 있다. 학창 시절 방과 후에 먹었던 달콤하고 매콤한 떡볶이 한 접시, 대표적인 야식 메뉴인 치킨, 집마다 김치 맛이 달라서 손맛이 중요한 음식인 김치찌개 등 우리는 추억과 사랑이 담긴 음식을 먹음으로써 힘을 얻는다.

그렇다. 음식을 먹는다는 것은 인간의 가장 기본적인 욕구를 해결하는 행위이다. 우리는 음식을 먹으며 배고픔을 해결한다. 요즘에는 바빠서 아침을 거르는 사람들도 많다지만 '삼시 세끼'는 인간의 오랜 식사 습관이었다. 하지만 '먹는다는 것'이 단지 배고픔 해소만을 위한 것이라면 진작에 영양과 열량을 채운 알약이 우리의 식사를 대체했을 것이다. 한 끼만 차려 보면 음식을 하는 과정에 얼마나 많은 정성이 들어가는지 잘 알 수 있다. 신선한 식재료를 구입하여 씻고 다듬는다. 그리고 재료의 특성을 살려 썬 뒤에 볶거나 끓이는 등 다양한 조리법을 활용하여 익힌다. 먹음직스럽게 그릇에 담아내는 것까지 마쳐야 비로소 한 끼 식사가 완성된다.

이렇게 정성껏 준비한 음식을 함께 먹는 사이라면 가장 가까운 사이가 아닐까? 그래서 한국 사람들은 한집에 같이 살며 끼니를 함께 하는 사이를 '식구(食

口)'라고 표현하는 것이다. 피를 나누지 않았어도 한자리에 둘러앉아 갓 지은 밥과 따스한 반찬을 같이 먹는다면 그것이 바로 가족이라 생각한 것이다. 이런 이유로 하숙이나 셰어하우스, 홈스테이를 하는 사람들하고 고향의 가족과 다름없는 사이가 되기도 한다.

가족, 친구와 함께하는 식사 시간은 기본 욕구 해결의 시간이자 소통의 시간이다. 그러므로 우리는 좋은 사람들과 맛있는 음식을 함께 먹고자 한다. 하지만, 오늘 점심에 무엇을 먹을지는 고민해도 오늘 내가 먹은 점심에 사용된 식재료가 어디에서 온 것인지 관심을 기울이는 이는 많지 않을 것이다. 맛있는 음식을 '잘' 먹고 싶다면 음식의 맛만큼이나 식재료를 중요하게 고민해 볼 필요가 있다. 채소와 육류가 어떻게 키워지고 어떤 과정을 거쳐서 우리의 식탁에 오르는지 알아야만 의미 있는 '식사'가 가능하다. 바로 이것이 우리가 식품의 생산과 유통 문제에 관심을 가져야만 하는 까닭이다. 우리의 식사는 단순히 '배고픔'만을 해소하는 시간이 되어서는 안 된다.

이 장에서는 예문 네 가지를 살펴보고자 한다. 특정 음식에 얽힌 추억 이야기에서 시작하여 가축의 사육 환경 문제 및 거대 기업으로 인해 발생한 식품 유통 문제까지 나아가 보도록 한다. 개인에서 사회까지 시각을 확대해 가며, 음식과 인간의 관계에 대해 고민해 보는 시간이 될 것이다.

생각하기

- 좋아하는 음식이 무엇인지, 왜 그 음식을 좋아하는지 이야기해 보자.
- 나를 위로하는 음식은 무엇인지 생각해 보고 이야기해 보자.
- 일주일 동안 먹은 음식을 떠올려 보자. 그 음식들이 어디에서 오는지 생각해 본 적이 있는가?

김밥은 착하다

김밥은 너그러운 음식이다. 김과 밥만 있으면 나머지 재료는 무엇이어도 상관없다. 김밥은 아름다운 음식이다. 재료의 색깔만 잘 맞추면 이보다 어여쁜 먹거리가 없다. 그래서 김밥에는 꽃놀이와 나들이의 유혹이 배어 있는지 모른다. 지참하기 간단해서가 아니라 그 자체가 꽃밭을 닮아서.

김밥을 파는 프랜차이즈 식당이 널린 요즘 세대들에겐 어떨지 모르지만 내 나이 정도 되는 사람들에게 김밥은 일 년에 두 번 소풍날만 먹는 별식이었다. 소풍날 아침엔 김밥 마는 고소한 냄새에 저절로 잠이 깨곤 했다. 그러면 곧바로 일어나 부엌으로 달려갔는데, 어머니가 아무리 물부터 마시고 먹으라고 잔소리를 해도 늘 김밥 꼬투리부터 먼저 집어넣었다. 금방 말아 놓은 데다 속재료가 듬뿍 든 김밥 꼬투리의 황홀한 맛은 뭐라 표현하기 어렵다.

나는 툭하면 집에서 김밥을 말아 먹는다. 아무리 자주 먹어도 질리지 않는 것이 김과 밥만 빼고 속재료를 각양각색으로 바꿀 수 있기 때문이다. 뭐니 뭐니 해도 내가 제일 좋아하는 김밥은 단무지, 달걀, 시금치, 당근, 우엉 등이 들어간 고전적인 스타일의 정통 김밥이다. 이런 김밥이 맛도 담백하고 색도 제일 선명하다. 만두도 정통, 김밥도 정통이 좋다. 그러나 모든 재료를 구색 맞춰 늘 준비해 두긴 어렵다. 그래서 단무지가 없으면 김치를 넣고 시금치가 비쌀 땐 오이로 대체한다. 우엉조림이 번거로우면 표고버섯이나 유부를 간장에 조려 넣고 간편하게 햄이나 어묵을 넣을 때도 있고, 옛날 생각이 나면 독특한 향을 내는 싸구려 소시지를 넣기도 한다. 곧바로 먹을 김밥엔 샐러드를 넣어도 좋고, 이것저것 다 귀찮은 날엔 충무김밥처럼 김을 사 등분해 밥만 넣고 손가락 크기로 말아 깍두기나 열무김치를 곁들여 먹거나 젓갈이나 장아찌를 얹어 먹는다. 특히 어리굴젓과 삭힌 고추장아찌가 손가락 김밥과 잘 어울린다.

가끔은 김밥을 썰지 않고 통으로 들고 먹는 것도 좋아한다. 내게 김밥을 썰지 않고 그냥 들고 먹을 수 있다는 걸 처음 알려 준, 아니 직접 보여 준 사람은 숙모였다. 친척들끼리 나들이 갔을 때의 일이다. (중략) 풀밭 위에 돗자리를 펴고 앉아 각자 집에서 마련해 온 음식을 펼쳤을 때 알록달록 화려한 도시락들 사이에 거무죽죽한 도시락이 하나 놓였다. 그 숙모가 김밥을 썰지 않고 그대로 담아와 둥글게 말린 김밥의 등이 시커멓게 번들거리고 있었다. 썰지 않은 김밥을 어찌 먹겠느냐는 사람들의 쑥덕거림에 그 숙모는 태연하게 말했다.

"제가 먹을 테니 걱정들 마세요."

그리고 자기가 싸 온 도시락에서 김밥 한 덩이를 꺼내 들고 먹기 시작했다. 남자어른들 보기 민망하게 저게 무슨 꼴이냐며 여자어른들은 남몰래 혀를 쩟쩟 찼지만 나는 썰지도 않아 속에 무엇이 들었는지 알 수도 없는 숙모의 통김밥이 왜 그리 먹고 싶었는지 모른다. 그것도 딱 그 숙모처럼 양손에 움켜쥐고 한입씩 크게 잘라 먹는 식으로. (중략)

내가 서른 살이나 서른한 살쯤이었을 때, 술자리에서 우연히 만나 부쩍 친해진 여자 친구가 있었다. (중략) 그 친구는 매력적인 생김새에 키도 크고 늘씬한 데다 공부도 짧지 않았다. 그 친구와 나는 자주 만나 술을 마셨다.

날씨가 화창하고 따뜻한 어느 봄날, 그 친구와 또 다른 몇몇 친구들이 충동적으로 그 친구의 아버지 묘소를 찾아가기로 한 적이 있었다. 경기도 북쪽 외곽에 있는 공원묘지였다. 무덤은 잘 손질되어 있었고 한쪽에는 굽은 소나무 한 그루가 서서 정겹게 무덤을 내려다보고 있었다. 우리는 햇살을 받으며 무덤에 기대앉아 이런저런 얘기를 나누다 문득 뭔가 중요한 걸 빠트렸다는 생각이 들었다. 술! 그 친구와 다른 친구 둘이 읍내까지 걸어가 막걸리와 김밥을 사 왔다. 한 친구가 김밥을 뜯어 보더니 큰일 난 듯이 되쳤다.

"어떡해? 김밥을 안 썰고 그냥 가져왔어."

그러자 그 친구가 태연하게 말했다.

"일부러 그냥 달라고 했어. 그렇게 먹는 게 더 맛있어서." (중략)

그때 나는 그 숙모를 생각했고, 예쁘고 늘씬한 여성들은 모두 김밥을 통으로 먹는가 의아해했다. 그 친구와 나는 몇 가지로 사이가 틀어져 이제는 서로 만나지 않게 되었는데, 그 후 어느 날 나는 다시금 의아해졌다. 나는 김밥을 통으로 먹는 여자들과는 인연이 끊기는 운명인가.

(후략)

- 권여선, 『오늘 뭐 먹지?』, 한겨레출판사, 2018, 41-48쪽.

생각거리 & 토론거리

- 글쓴이에게 특별한 기억을 남긴 김밥은 어떤 김밥인가? 그 이유도 함께 이야기해 보자.
- 글쓴이는 김밥을 어떻게 묘사하고 있는가? 글에서 찾아보자.
- 기억에 남는 특별한 음식이 있는가? 그 음식이 기억에 남는 이유는 무엇인가?

글쓰기 과제

- 소중한 추억이 담긴 음식을 주제로 하여 한 단락의 글을 써 보자.

지금 공장식 농장에서는…

전통적 농장에서의 비교적 자연에 가까운 환경을 박탈당한 최초의 동물은 닭이었다. 인간이 닭을 이용하는 방법은 두 가지이다. 첫째는 닭고기를 얻기 위해, 둘째는 계란을 먹기 위해 닭을 이용한다. 이러한 두 가지 제품들은 오늘날 표준적인 대량생산 방식이 도입되어 생산되고 있다. (중략)

어느 시기부터인가 닭은 실내에 감금되어 사육되었는데, 이는 닭이 농가의 뜰에서 사육되는 조류에서 공장 제조 품목으로 전환이 이루어진 결정적인 단계였다. 육계 생산업자들은 태어난 지 하루 된 1만, 5만 또는 그 이상의 병아리들을 인공 부화장에서 거두어들여 창문 없는 긴 닭장에 집어넣는다. 이는 흔히 1층으로 되어 있는데, 몇몇 생산자들은 동일한 면적에 더 많은 닭을 집어넣기 위해 층층이 쌓아 올린 닭장을 사용하기도 한다. 닭장 내부의 모든 환경은 닭이 적은 모이로 더욱 빨리 성장할 수 있도록 조정되어 있다. 모이와 물은 지붕에 달린 깔때기 모양의 그릇을 통해 자동으로 공급된다. 조명은 축산 연구원의 조언에 따라 조정된다. 예를 들어 첫 번째 주나 두 번째 주는 하루 24시간 동안 밝은 조명이 주어진다. 이는 병아리들의 체중을 빨리 불리기 위함이다. 그다음에는 매 두 시간마다 불빛이 약간 흐려지다가 꺼지게 된다. 이는 닭이 잠을 자고 난 다음에 더 잘 먹는다는 소견에 따라 취해지는 조치다. 최종적으로 약 6주가 되면 닭들의 몸집이 너무 커져 우리 안이 꽉 차게 되는 시점에 이르게 되는데, 이때에는 조명이 계속 흐릿하게 유지된다. 흐릿한 조명을 비추는 이유는 과밀 사육으로 인해 야기되는 공격성을 감소시키기 위한 것이다.

육계들은 7주가 되었을 때 도축된다(닭의 자연 수명은 약 7년이다). 이 짧은 생의 마지막에는 닭의 체중이 4~5파운드 정도가 된다. 그럼에도 닭은 2분의 1제곱피트의 좁은 공간에서 생활한다(이를 미터법으로 따진다면, 2킬로그램 이상 나가는 닭에게 450제곱센티미터의 공간이 주어진다는 것을 말한다). 이러한 상황에서 정상적인 조명이 주어질 경우 과밀로 인한 스트레스와 에너지 자연 배출구 부재(不在)로 인해 싸움이 일어나며, 이때 닭들은 다른 닭의 깃털을 쪼아 대며, 간혹 죽여서 먹어 버리는 일이 벌어지기도 한다. 그와 같은 행동을 감소시키기 위해서는 불빛을 매우 흐릿하게 하면 좋다는 사실이 알려졌으며, 이로 인해 닭들은 삶의 마지막 주를 거의 칠흑 속에서 보내게 되었다. (중략)

길고 혼잡한, 먼지와 암모니아로 가득 차 있는 창문 없는 계사에서의 생활로 인한 스트레스 못지않게 닭들이 경험하는 최초의, 그리고 유일한 햇빛 또한 그들에게 스트레스를 준다. 문이 확 열리고, 어둠에 익숙해져 있는 닭들은 다리를 움켜잡힌 채, 거꾸로 들려 나가서 트럭 뒤에 쌓여 있는 나무 상자에 곧장 우겨 넣어진다. 이어서 그들은 도축과 세척이 이루어진 후 말끔한 플라스틱 꾸러미에 넣어지는 '가공' 공장으로 실려 간다. 공장에 도착하면 닭들은 트럭에서 내려진다. 그곳에서 그들은 쌓아 올려놓은 나무 상자들 안에 갇힌 상태에서 순서를 기다린다. 기다리는 시간은 오래 걸리는데, 그동안 그들은 물과 음식을 전혀 섭취하지 못한다. 최종적으로 그들은 나무 상자에서 꺼내어져서 컨베이어 벨트에 거꾸로 매달리게 된다. 벨트는 기쁨 없는 삶을 마감하는 칼이 휘둘러지는 곳으로 닭들을 실어 간다.

털이 다 뽑히고 손질이 된 닭의 몸뚱어리는 수백만 가정으로 팔려 간다. 사람들은 먹고 있는 죽은 몸뚱어리가 한때 살아 있는 동물이었음을 상기해 보지 않으며, 그 동물이 어떠한 고통을 받았는가를 조금도 생각해 보지 않고 혀를 만족시키기 위해 뼈를 발라 먹는다. 그리고 설령 그들이 이에 대해 알아보려 한들 어디에서 답을 구할 것인가?

- 피터 싱어, 김성한 옮김, 『동물 해방』, 연암서가, 2012, 179-180, 188-189쪽.

생각거리 & 토론거리

- '공장식 농장'에서 불빛은 무엇을 위하여, 어떻게 조정되는가?
- 육계는 언제 어떻게 도축되는가? 그 환경은 어떠한가?
- 가축들의 사육 환경을 개선하기 위해 우리는 무엇을 할 수 있을지 이야기를 나눠 보자.

글쓰기 과제

- 가축들의 사육 환경과 우리의 식생활을 주제로 하여 한 단락의 글을 써 보자.

거대해진 식량 유통 시스템과 성인병

곡물과 육류의 생산에 혁명적 변화가 밀려왔다면 식품의 유통 시스템에도 거대한 변화가 닥쳤다. 극심한 경쟁 체제가 만들어지면서 식품의 가격이 유례없이 저렴해지고 풍족해졌다. 그러자 과잉생산이 문제로 대두됐다.

이제 생산자보다 유통업자가 식품 가격의 결정권자가 됐다. 세계의 곡물 거래는 소수의 거대 업체인 카길, 콘티넨탈, 아처대니얼스 미들랜드 등이 점령하고 있다. 이들이 지나치게 낮은 구입가를 결정하자 농민은 더 많은 곡물을 생산함으로써 손실을 만회하려고 했으나 결과적으로 공급이 과잉되어 가격은 더 떨어졌고 투입한 생산원가도 건질 수 없게 됐다. 결국 중소 규모의 농장은 밀려나고 거대한 기업이 그 자리를 메웠다.

1989년 월마트가 소매시장에 뛰어들면서 저가 식품 전쟁에 불을 붙였다. 박리다매 전략이 소비자로부터 호응을 얻은 덕분에 월마트는 2016년 기준 약 530조 원의 매출을 올리며 미국 유통업계 1위 자리를 굳건히 지키고 있으며 창립자인 샘 월튼(Sam Walton, 1918~1992)은 세계 최고의 부자가 됐다. 월마트는 '언제나 낮은 가격'을 표방하면서 다른 대형마트에 비해 17~20퍼센트 정도 싼 식품을 내놓는다. 월마트는 이름에 걸맞은 저가 전략을 유지하기 위해 직원에게는 낮은 급여를 제공할 뿐만 아니라 노조를 배제하며, 냉혹하리만치 구매가를 깎는다. 공급업체는 월마트에 납품하기 위해 가격을 유지하거나 낮추어야 하며 많은 전통적인 식료품사가 폐업하거나 합병해 미국 시장의 절반 이상이 단 6개의 소매

업체 손에 놓였다. 이 같은 초대형 체인점이 계속 가격 인하를 요구하자 제조사는 비용 절감을 위한 자동화 공정을 채택하거나 중국이나 방글라데시 같은 저렴한 원료 공급자를 찾고 합병을 통해 규모를 키웠다. 그 결과 1985년 이후 미국의 식료품 가격은 놀랍게도 9.1퍼센트나 하락했다.

맥도날드, 버거킹, 웬디스 같은 패스트푸드 체인점도 낮은 가격을 고수했는데 이들은 양계나 육류업체에 대해 대폭적인 가격 인하를 요구했다. 1980년대에 패스트푸드 체인점이 미국 닭고기의 3분의 1을 소비하자 양계 업체들은 생산비를 삭감하지 않을 수 없었다.

월마트, 카르푸, 테스코 등 대형 소매업자가 공급망의 주도권을 쥐면서 식품사도 가격 하락의 압력을 거세게 받았다. 결과적으로 소수의 거대 기업만 살아남아 필사적으로 비용을 절감하는 전략을 구사하기 시작했다. 대규모화하고 저렴한 원료를 찾아 전 세계로 나섰으며 강박적일 정도로 효율성을 강조했다. 이들은 상품에 부가가치를 덧붙여 이윤을 보전하려고 했고 그 결과 식품의 크기를 키웠으며 달고 짜고 지방을 많이 넣은 가공식품과 스낵류를 점점 더 많이 만들어 소비자의 미각을 자극했고 광고를 통해 소비를 촉진했다.

이런 시스템은 필연적으로 필요 이상의 과도한 칼로리를 공급했다. 대형 식료품점에서는 세계에서 공수된 식품들이 환상적일 정도로 낮은 가격으로 팔리고 전시 품목도 4만 5,000종으로 늘었다. 선택의 폭이 넓어지자 소비자의 농산물 섭취량이 1980년대보다 30퍼센트나 늘었다. 기아가 사라진 자리에 비만과 심장병, 당뇨가 자리 잡았다. 역설적이게도 현대의 식품 시스템은 오늘날 일어나는 식품 문제 대부분의 원인이 되었다.

인류는 오랫동안 칼로리가 부족한 상태로 살았으므로 식품을 먹을 수 있을 때 많이 먹고 섭취한 열량은 최대한 보유하는 인체 시스템을 만들어 왔다. 인체의 호르몬은 인체가 기근에 처할 때 생존하도록 돕는 여러 가지 기능과 관련이 있다. 음식이 부족해 지방량이 떨어지면 인체는 자동적으로 근육 엔진을 압박해 칼로리 소모를 줄이고 극히 중요한 두뇌나 장기 기능을 위해 에너지를 비축한다. 일단 몸무게가 늘면 인체는 그 몸무게를 유지하기 위해 온갖 수단을 동원한다. 따라서 과잉 영양 시대인 오늘날 체중 감량은 매우 어렵다. 이제 인류는 잘 먹음으로써 몸무게도 늘고 키도 커져서 선사 시대의 체력을 회복했지만 키보다 몸무게 증가가 더 빠른 탓에 비만 상태가 되었다. 비만은 관절에 부담을 높이고 심장발작과 뇌졸중의 원인이 되며 성인성 당뇨와도 밀접한 관련이 있다. 인류는 열심히 만들어 온 식품 시스템에 큰 모순이 있음을 깨닫는 자가당착에 빠졌다.

- 문갑순, 『사피엔스의 식탁』, 21세기북스, 308-311쪽.

생각거리 & 토론거리

- 한 대형마트에서 '언제나 낮은 가격'을 표방한 결과, 어떤 일이 벌어졌는가?
- 대형 소매업자에서 시작해 식품사로 이어지는 식품 유통 구조는 소비자에게 어떤 영향을 미쳤는가?
- 이 글에 나온 식품 유통의 현주소를 정리해 보고, 우리 식탁의 미래에 대해 이야기해 보자.

글쓰기 과제

- '식품 유통을 중심으로 본 식량 문제'에 대한 글을 써 보자.
  - 현황, 문제점, 원인을 포함하여 세 단락으로 구성해 보자.
  - 글의 분량은 A4 용지 1장 내외로 한다.

명절의 만두 공장

명절이면 할머니는 직접 만든 만두로 요리를 해 주셨다. 직접 만두를 만드는 일은 손이 많이 가는 일이었다. 언니 두 명에 나까지 세 명이 함께 일을 하면 며칠씩 걸릴 일도 몇 시간 안에 끝나기 때문에 할머니를 도와 만두를 만들기로 했다. 만두를 만들기 위해 할머니가 거실로 큰 반죽 덩어리를 들고 오셨다. 뒤따라오는 만두소엔 고기, 당면, 두부 등 많은 재료가 원래 하나였던 것처럼 한곳에 모여 있었다. 엄청난 양에 놀라다가도 만두 만들 생각에 신나서 언니들과 달려가 할머니 옆에 둘러앉았다.

할머니는 미리 숙성시켜둔 반죽을 길게 늘이고 반죽을 조금씩 자르셨다. 자른 반죽을 동그랗고 얇게 펴 주면 제법 그럴듯한 만두피가 나왔다. 만두피가 만들어지면 언니들과 만두를 만들기 시작했다. 만두피를 한 손 위에 올려 두고 숟가락으로 한가득 만두소를 퍼내어 만두피 위에 올렸다. 만두소를 퍼낼 땐 항상 신중했다. 욕심내서 만두소를 너무 많이 넣으면 만두가 터질 수 있기 때문이다. 이렇게 만두를 만들어서 쟁반에 채워 놓았다. 만두소를 많이 넣어 곧 터질 것 같은 만두부터, 만두 속이 적어 힘이 없어 보이는 만두까지 다양한 만두들이 쟁반에 채워지기 시작했다. 만두를 만들어 본 경험이 별로 없었던 나는 만두 하나를 만드는 데에 꽤 오랜 시간이 걸렸다. 할머니는 그럴 때마다 내 옆에 만두를 만들고 있는 언니를 보며 손이 빠르다며 칭찬을 해 주셨다. 그 칭찬이 듣고 싶어 만두를 열심히 만들다 보니 만드는 속도가 점점 빨라졌다. 이제 언니들과 얼추 비슷한 속도로 만두를 만들 수 있었다.

속도가 괜찮아지니 이번엔 만두 모양이 문제였다. 할머니가 가르쳐 준 대로 베개 모양으로 만두를 계속 만들었다. 언니는 어디서 배워 왔는지 갑자기 왕관 모양 만두를 만들기 시작했다. 언니가 만든 만두는 내가 만든 만두보다 예뻤다. 내 만두는 만지기만 해도 터져 버릴 것 같았지만 언니가 만든 만두는 튼튼하고 맛있어 보였다. 언니가 만드는 건 뭐든 따라 하고 싶었기 때문에 서툰 솜씨로 왕관 모양 만두를 만들었다. 원래 만들었던 모양에서 양 끝을 붙여 주기만 하면 쉬운 과정임에도 불구하고 양 끝을 모으기만 하면 만두가 터져 버렸다. 그렇게 몇 번 시도하다가 할머니한테 혼나기만 하고 예쁜 왕관 모양의 만두는 포기했다. 만두 쟁반을 채워 나가는 재미에 계속 만두를 만들다 보니 만두소는 점점 사라지고 만두소를 담아 두었던 그릇이 바닥을 드러냈다. 명절 내내 배불리 먹고도 집에 싸 들고 갈 수 있을 정도의 많은 만두를 만들고 나면 언니들과 내가 운영하는 만두 공장은 작동을 멈췄다.

만두를 거의 다 만들 때쯤에 가장 처음에 만든 만두가 찜기 안으로 들어갔다. 냉동 만두와는 다르게 얼음 조각을 몸에 달고 있지도 않고 말랑말랑한 상태인 만두가 그대로 찜기에 들어갔다. 만두를 다 만들고 정리하고 나면, 식탁 위에는 따끈따끈한 만두가 우릴 기다리고 있다. 못생긴 만두부터 예쁘게 생긴 만두까지 만든 사람이 다양해서 그런지 모두 다른 맛을 내는 만두처럼 보였다. 둘러앉은 언니들과 나는 아무 만두나 먹지 않았다. 만두를 하나씩 살펴보고 맛있게 생긴 만두만 골라서 먹었다. 만두소 색이 조금 비치면서 속이 알차 곧 터질 것 같은 만두가 제일 맛있기 때문에 가장 먼저 우리 배 속으로 사라졌다. 그러다가 가끔 터지거나 못생긴 만두를 보면 서로 자기가 만든 게 아니라며 먹으려 하지 않았다. 결국, 못생긴 만두는 다른 가족들 차지가 되곤 했다.

직접 만든 만두는 평범한 재료와 방법으로 만들었음에도 평소에 먹었던 만두보다 훨씬 맛있었다. 처음 만들어서 만두의 모양은 예쁘지 않았지만, 할머니와 언니들과 둘러앉아 만두를 만들었던 경험은 예쁜 추억이었다. 경쟁하듯 만두를 만들었던 것부터, 맛있는 만두를 골라 먹었던 것까지 모두 머릿속에 선명하게 남아 있었다. 그때 먹었던 만두는 소중한 추억이 담겨 특별한 맛으로 기억됐다. 매년 명절이 되면 생각나는 소중한 추억의 중심에 있는 '직접 만든 만두'는 가장 기억에 남는 음식이면서 영원히 기억하고 싶은 음식이다.

– (학생 글) 경희대학교 컴퓨터공학과 20학번 서연진

생각거리 & 토론거리

- 글쓴이의 가족들이 빚은 만두의 모양은 어떠한가?
- 글쓴이는 어떤 만두가 가장 맛있다고 했는가?
- 이 글에서처럼 특별한 날에 먹는 특별한 음식에 대해 이야기해 보자.

묘사

1. 묘사의 정의

묘사는 어떤 대상이나 사물 등을 그림을 그리듯이 언어로 표현하는 것이다. 즉, 묘사하는 글쓰기는 '그림을 그리는 과정'과 비슷하다. 그림을 그리려면 먼저 무엇을 해야 할까? 그리려고 하는 대상을 잘 관찰해야 한다. 표현하고자 하는 대상의 앞뒤, 위아래를 꼼꼼히 살펴봐야 한다. 그다음에는 구체적으로 표현해야 한다. 예를 들어 그 대상이 빨갛다고 말하려면 어떤 빨간색인지 고민해 볼 필요가 있다. 이것을 표현하는 데 글쓴이의 관점이 반영될 것이다. "사과처럼 빨갛다, 복숭아처럼 붉게 물들었다, 불타오르는 듯이 보인다." 등으로 다양하고 생동감 있게 말할 수 있다. 이렇게 비유나 사실 묘사 등을 통해 글쓴이가 그 대상을 어떻게 바라보았는지 자신의 관점을 표현에 녹여 낸다.

2. 묘사 표현 방법

그렇다면 묘사를 잘하기 위해 어떤 것에 주의를 해야 할까? 우선, 어떻게 묘사할지 순서를 정한다. 전체에서 부분으로 범위를 좁혀 가며 이야기해 줄지, 부분에서 시작하여 전체 모습을 이야기할지 정할 수 있다. 또는, 위에서 아래로, 앞에서 뒤로 등 시선이 이동하는 방향을 따라 묘사할 수도 있다. 이렇게 묘사 방법을 정했다면 그다음으로는 자세하고 구체적으로 표현하려는 시도가 필요하다. 행동을 묘사한다면 단순히 밥을 먹었다고 쓰지 말고, 내가 먹은 음식이 어떤 색깔과 향 그리고 식감을 가졌는지 써 보면 좋을 것이다. 감정을 묘사한다면 '좋다, 나쁘다, 즐겁다, 슬프다'가 아니라, '얼마나 어떻게'를 자세하게 쓰려고 노력해야 한다. 오감을 활용하고 구체적으로 묘사할수록 독자는 글쓴이의 관점과 감정에 공감할 수 있게 된다.

3. 묘사의 기술 방법

다음 예문은 김밥을 예찬한 글 중 '김밥을 마는 순간'을 묘사한 부분이다.

> 누워 있는 김 한 장(대체로 김은 누워 있지만)을 상상해 보자. 캄캄한 밤처럼 누워 있는 김 한 장. 그 위에 참기름과 소금으로 간을 해 고소해진 밥을 한 주걱 펼쳐 놓는다. 고루 펼쳐지도록 손끝으로 살살 달래 가며 밥을 펼치면 '눈 쌓인 밤'처럼 보인다. 그 위에 길게 길게 기찻길을 내듯 재료를 올린다. 채 썰어 볶은 당근, 계란부침, 단무지, 맛살, 시금치, 우엉 등을 올린다. 김밥은 정해진 레시피가 없다. 집에 있는 재료 중 원하는 것을 넣으면 된다.
>
> - 박연준, 「김밥 예찬」, 『모월모일』, 문학동네, 2020, 23-24쪽.

'캄캄한 밤처럼 누워 있는 김 한 장'이나 '밥을 펼치면 '눈 쌓인 밤'처럼 보인다.' 같은 표현은 소복이 쌓인 눈이 하얗게 빛나고 있는 겨울밤을 떠올리게 한다. 또 김 위에 재료를 올리는 모습도 '길게 길게 기찻길을 내듯 재료를 올린다.'고 표현함으로써 글쓴이가 김밥을 말 때 무엇을 생각했는지 독자가 공감할 수 있게 되었다. 이렇게 단순한 사물도 글쓴이의 관점을 담아 묘사하면 새롭고 특별한 것이 될 수 있다.

글쓰기 과제

- 고향 음식 중에서 맛도 있으면서 외향도 멋진 음식을 생각해 보고, 음식의 외향을 묘사하는 한 단락 글을 써 보자.

3. 나를 움직인 말 한마디

우리는 무수히 많은 말들 속에서 살아간다. 나와 타인은 말을 주고받으며 소통하고 말을 통해 세상을 이해한다. 그러나 말은 위로와 격려, 공감과 연대의 원천이 되기도 하지만 오해와 비난, 대결과 충돌을 낳는 원인이 되기도 한다. 말은 누가 어떤 의도로 하느냐에 따라 의미가 달라질 수 있고, 또 듣는 사람이 어떤 태도로 받아들이냐에 따라서도 달리 해석될 수 있다. 누군가 무심코 던진 한마디가 큰 상처가 될 수도 있지만 반대로 중요한 깨달음의 계기가 될 수도 있다.

지금껏 살면서 인상적이었던 말들에 대해 떠올려 보자. 일상적인 대화를 포함해 나를 기쁘고 행복하게 했던 말은 무엇인가. 또 나를 힘들게 혹은 좌절하게 만든 말은 무엇이었나. 다시 추스르고 용기를 내게 했던 말, 끝까지 간직하고 싶은 말은 과연 무엇인가. 여러분이 기억하는 말들은 그것이 긍정적이든 부정적이든 간에 여러분의 마음을 움직인 말이었음이 틀림없다. 그러므로 그것들에 대해 생각하는 것은 자신의 과거와 내면을 들여다보고 성장의 나이테를 확인하는 과정이 될 것이다.

이 장에서는 세 편의 글이 소개된다. 첫 번째는 작가 이순원의 글로 초등학교 시절 선생님에 대한 추억을 담고 있다. 학생들의 처지를 이해하고 사랑으로 가르치며 격려해 주신 선생님의 말씀이 글쓴이를 소설가로 키운 밑거름이 되었다. 여러분의 어린 시절과 선생님을 떠올리면서 기억에 남는 말을 생각해 보면 좋을 것이다.

두 번째는 저자 백경학이 이타적인 삶의 좌표를 정하고, 포기하고 싶은 순간마다 버티도록 해 준 말에 대해 이야기하고 있다. 여러분 인생에도 삶의 목표를 제시하거나 그것을 향해 힘을 내게 해 주는 말이 있는지 한번 생각해 보자.

마지막은 법정 스님의 수필로 말의 철학적 의미를 깊이 사유하게 만드는 글이다. 말의 홍수 속에 살고 있는 현대인에게 말이란 어떤 의미가 있는가, 타인과의 진정한 소통은 어떻게 가능한가, 말과 침묵은 어떤 경우에 빛을 발하는가 등 말을 둘러싼 많은 고민과 해법이 담겨 있다.

제시된 글들을 읽으면서 우리 삶에 큰 영향을 끼친 말에 대해 다시 한번 곰곰이 생각해 보자.

생각하기

• 다음 말의 의미에 대해 생각해 보자.

1. 행복의 한쪽 문이 닫히면 다른 쪽 문이 열린다. 그러나 우리는 흔히 닫힌 문을 바라보느라 우리를 향해 열려 있는 다른 쪽 문을 보지 못한다.

   - 헬렌 켈러

2. 좀 덜 치사하고, 덜 비겁하고, 정말 남 기죽이거나 남 깔아뭉개는 짓 안 하고, 남 해코지 안 하고…. 그것만 하고 살아도 인생은 살 만하지.

   - 채현국

3. 세상에 쓸데없는 일이란 없다. 어떤 일에 참견한다는 것은 모두 자기와 관련된 일이기 때문이다. 인류를 사랑하는 일조차도 역시 자신이 인간이기 때문이다.

   - 루쉰

4. 훌륭한 삶이란 사랑으로 힘을 얻고 지식으로 길잡이를 삼는 삶이다.

   - 버트런드 러셀

큰 열매를 맺는 꽃은 천천히 핀다

초등학교를 졸업한 지 35년이 지난 지금도 우리 시골 친구들은 언제나 '희망등 선생님' 얘기를 한다. 강릉에서 오래도록 선생님 생활을 하시다가 몇 년 전 정년 퇴임하신 권영각 선생님이 바로 그분이다.

우리가 선생님을 처음 만난 건 초등학교 5학년 때였다. 전기도 들어오지 않는 대관령 아래 산간 마을에 그때 나이로 스물다섯 살쯤 된 새신랑 선생님이 전근을 오셨다. 다른 선생님들은 강릉에서 자전거로 통근하셨지만 선생님은 전근 온 지 한 달 만에 학교 옆에 방 한 칸을 얻어 사모님과 함께 들어오셨다. 도시 아이들보다 상대적으로 불리한 여건에서 공부하는 우리들을 위해 일부러 산골 마을로 들어와 신혼 살림을 차리신 것이었다. 그때 우리는 너무 어려 그 뜻을 잘 몰랐다.

선생님은 다음 날부터 저녁마다 교실에 남포를 밝혀 놓고 우리의 처진 공부를 채워 주셨다. 중학교를 시험 봐서 들어가던 시절이었다. 그때 선생님 책상에 놓인 남포의 상표가 바로 '희망등'이었는데, 우리는 선생님을 그렇게 불렀다. 지금도 우리 친구들은 선생님을 '희망등 선생님'이라고 부른다.

얼마 전 동창회를 했을 때, 한 여자 친구가 이런 말을 했다. 그때 선생님이 사모님과 함께 학교 옆에 들어와 사시는 모습을 보고, 자기도 이다음에 어른이 되어 결혼을 하면 꼭 저렇게 좋은 모습으로 살아야겠다고 생각했다는 것이다. 선생님은 사모님과 함께 시골에 들어와 사시는 모습으로도 어린 제자들에게 큰 희망을, 모범을 보여 주셨다.

초등학교 5학년 2학기 때의 일이다. 교내 백일장에서는 물론 군 대회

같이 큰 백일장에 나가서도 매번 떨어지는 나에게 선생님은 이런 말씀을 하셨다. 그때 군 대회에 나가 아무 상도 받지 못하고 빈손으로 돌아온 다음이어서 어린 마음에도 나는 참으로 큰 낙담을 했다. 그런 나를 선생님이 학교 운동장 가에 있는 커다란 나무 아래로 불렀다.

"너희 집에도 꽃나무가 많지?"

"예."

"같은 꽃 중에서도 다른 나무나 가지보다 더 일찍 피는 꽃이 사람의 눈길을 끌지. 그렇지만 이제까지 선생님이 보니까 그 나무 중에서 아주 일찍 피는 꽃들은 나중에 열매를 맺지 못하더라. 나는 네가 어른들 눈에 보기 좋게 일찍 피는 꽃이 아니라 이다음 큰 열매를 맺기 위해 조금 천천히 피는 꽃이라고 생각한다. 선생님이 보기에 너는 클수록 단단해지는 사람이거든."

어린 영혼에 대한 격려는 바로 이런 것인지 모른다. 나에게만 그랬던 것이 아니라, 저마다 방법이 달랐지만 우리 친구들 모두 '희망등 선생님'에게 그런 사연 하나씩 가지고 있다. 너는 손재주가 참 대단하구나. 또 너는 이런 것을 잘하는구나. 그리고 너는 또 저런 것을 참 잘하는구나. 또 집안이 가난해 중학교를 가지 못하는 아이에겐, 지금은 집안이 가난해 중학교를 가지 못해도 너는 부지런하니까 이 부지런함만 잃어버리지 않는다면 어른이 되어서도 큰 부자로 살 거다, 하고 선생님은 우리들 하나하나에게 그런 칭찬으로 용기를 주셨다.

선생님은 우리가 앞으로 어른이 되어 살아가는 동안 어디 가서도 기죽지 않고 자신의 뜻을 펼칠 자신감을 어린 가슴마다 심어 주셨다. 나는 스물한 살 때부터 본격적인 작가 수업을 했다. 10년 가까이 신춘문예에 연속 낙방을 하면서도 포기하지 않았던 것도 어린 시절에 들은 선생님의 격려 한마디가 참으로 큰 힘이 되었다. 이렇듯 사람은 누군가의 칭찬과 격려로 자란다.

지난번 뵈었을 때 선생님은 어른이 된 다음에도 우리 친구들을 하나하나 칭찬하며 훌륭한 제자들을 두고 있는 것이야말로 얼마나 좋으냐고 하셨지만 정말 훌륭한 선생님을 마음속에 두고 있는 것이야말로 얼마나 아름다운 일인가?

- 이순원 외, 『머뭇거리지 말고 시작해』, 샘터사, 2005, 39-43쪽.

생각거리 & 토론거리

- 학생들이 선생님을 '희망등 선생님'이라고 부른 이유는 무엇인가?
- '조금 천천히 피는 꽃'은 무엇을 비유한 말인가?
- 기억에 남는 사람과 말에 대해 이야기해 보자.

글쓰기 과제

- 나에게 가장 영향을 준 말에 대해 소개해 보자. 누가 언제 한 말인지, 그 말을 듣고 나는 무엇을 느끼고 변화했는지 한 단락으로 써 보자.

고개를 꼿꼿이 들고 허리를 곧추세우게

인생은 만남의 연속이다. 사람 만나는 것이 직업인 '기자'를 10여 년 했으니 매일 수많은 사람을 만나야 하는 정치인 못지않게 나도 여러 사람을 만난 셈이다. 현직 대통령부터 외딴 섬에서 이름 없이 살아가는 어부에 이르기까지 만난 사람도 다양했다. 민주당을 취재할 때는 매일 새벽 김대중 총재의 동교동 자택을 찾아 식객 노릇을 했고, 삼풍백화점이 무너졌을 땐 생존자 확인을 위해 일주일 넘게 노숙하기도 했다. 통성명도 없이 스쳐 지나갔거나 만나지 않았더라면 좋았을 만남도 있지만, 여운이 평생 이어지는 아름다운 만남도 있다.

1980년대 초, 대학은 쿠데타에 성공한 신군부의 억압과 통제 속에 신음하고 있었다. 교정에서는 연일 민주화 시위가 벌어졌다. 시위를 주도했던 선배와 친구들은 하나둘 사라져 갔고, 더 많은 사람들은 강제 징집되거나 고통을 견디다 못해 스스로 군대에 들어갔다. 하늘은 푸르렀지만 세상은 온통 잿빛이었다.

'생각의 감옥'에 갇혀 생활하던 여름날, 도서관으로 친구들이 찾아왔다. 함석헌 옹을 찾아뵙자는 것이었다. 선생님은 군부 독재의 종식을 위해 실천적인 민주화 운동을 부르짖고 있었다.

쌍문동 버스 종점에 내린 우리는 물어물어 함석헌 옹 댁을 찾았다. 꼬불꼬불한 골목을 돌아 도착한 곳은 단아한 기와집이었다. 30도가 넘는 무더운 날씨였지만 선생님은 예의 한복 차림이었다. 긴 백발과 하얀 수염이 도인처럼 보였다. 여든 살에 가까운 노인이었지만 눈빛만은 형형하게 빛났다.

세상 고뇌를 짊어진 우리는 앉기가 무섭게 질문을 쏟아 냈다. 어디서 그런 용기가 났는지 내가 먼저 말문을 열었다.

"우리 사회가 어디로 나아가고 있습니까. 이런 상황에서 저희가 할 일은 무엇입니까."

지금 생각하니 참 당돌한 질문이었다. 함석헌 옹은 침묵에 잠기더니 한참 천장을 바라보셨다. 잠시 후 낮은 목소리로 말씀하셨다.

"자네 이름이 뭔가. 무엇을 하기에 앞서 자네 자세부터 고치게. 고개를 꼿꼿이 들고 허리를 곧추세우게. 자세를 바르게 하고 문제를 풀려고 노력하게. 바른 자세에서 바른 생각이 나오는 것이네!"

그 말씀 이후 선생님과 두 시간 넘게 대화를 했지만, 무슨 이야기를 나누었는지 거짓말처럼 하나도 기억나지 않는다. 다만 '바른 자세로 바른 생각을 하라.'는 말씀만 가슴에 남았다. 이후 함석헌 옹을 직접 뵐 기회는 없었지만 그 말씀은 내 삶의 좌표가 됐다.

구소련 쿠데타 때 종군기자로 파견돼 모스크바 시내에 포탄이 날아드는 내전 상황을 취재할 때, 백담사에 은둔했던 전두환 전 대통령을 취재하기 위해 영하 20도의 추위 속에서 벌벌 떨 때, 푸르메재단의 모기업이 된 국내 최초의 하우스맥주 공장 '옥토버훼스트'의 인허가를 받기 위해 관공서를 뛰어다닐 때, 어린이 재활병원의 기금 마련을 위해 사람을 만나러 갔다가 빈손으로 돌아섰을 때 … 너무 힘들어 모든 것을 포기하고 싶었다.

그때마다 "고개를 꼿꼿이 들고 허리를 곧추세우게." 하신 함석헌 옹의 말씀이 내 머리를 때렸다. 비틀거리고 넘어지려는 고비마다 이 말을 떠올리며 벌떡벌떡 다시 일어날 수 있었다.

지금도 함석헌 옹과의 만남은 내 인생에 진한 향기로 남아 있다. 나 또한 죽기 전에 단 한 번이라도 다른 사람에게 진한 감동을 줄 수 있기를 기도해 본다.

- 백경학 외, 『지금은 서툴러도 괜찮아』, 샘터사, 2012, 97-100쪽.

생각거리 & 토론거리

- '하늘은 푸르렀지만 세상은 온통 잿빛'이라는 말의 의미는 무엇인가?
- '바른 자세'와 '바른 생각'은 어떤 관계가 있다고 생각하는가?
- 자기 삶의 목표와 좌우명에 대해 이야기해 보자.

글쓰기 과제

- '내 인생의 좌우명'을 주제로 세 단락 글쓰기를 해 보자.

침묵의 의미

현대는 말이 참 많은 시대다. 먹고 뱉어 내는 것이 입의 기능이긴 하지만, 오늘의 입은 불필요한 말들을 뱉어 내느라고 그 어느 때보다도 많은 수고를 하고 있다. 이전에는 사람끼리 마주 보며 말을 나누었는데, 전자매체가 나오면서는 혼자서도 얼마든지 지껄일 수 있게 되었다.

민주공화국인 대한민국에서는 유언비어나 긴급조치에 위배만 되지 않는다면, 그리고 다스리는 사람들의 비위에 거스르지만 않는다면, 그 말의 내용이 아첨이건 거짓이건 혹은 협박이건 욕지거리건 간에 마음대로 지껄일 수 있다. 가위 언론의 자유가 보장된 풍토이다.

그런데 말이 많으면 쓸 말이 별로 없다는 것이 우리들의 경험이다. 하루하루 나 자신의 입에서 토해지는 말을 홀로 있는 시간에 달아 보면 대부분 하잘것없는 소음이다. 사람이 해야 할 말이란 꼭 필요한 말이거나 '참말'이어야 할 텐데 불필요한 말과 거짓말이 태반인 것을 보면 우울하다. 시시한 말을 하고 나면 내 안에 있는 빛이 조금씩 새어 나가는 것 같아 말끝이 늘 허전해진다.

좋은 친구란 무엇으로 알아볼 수 있을까를 가끔 생각해 보는데, 첫째 같이 있는 시간에 대한 의식으로 알 수 있을 것 같다. 같이 있는 시간이 지루하게 느껴지면 아닐 것이고, 벌써 이렇게 됐어? 할 정도로 같이 있는 시간이 빨리 흐른다면 그는 정다운 사이이다. 왜냐하면 좋은 친구하고는 시간과 공간 밖에서 살기 때문이다. 우리들이 기도를 올려 보면 더욱 잘 알 수 있다. 기도가 순일하게 잘될 경우는 시공 안에서 살고 있는 일상의 우리이지만 분명히 시공 밖에 있게 되고, 그렇지 못할 때는 자꾸 시간을 의식하게 된다. 시간과 공간을 의식하게 되면 그건 허울뿐인 기도다.

우리는 또 무엇으로 친구를 알아볼 수 있을까. 그렇다, 말이 없어도 지루하거나 따분하지 않은 그런 사이는 좋은 친구일 것이다. 입 벌려 소리 내지 않더라도 넉넉하고 정결한 뜰을 서로가 넘나들 수 있다. 소리를 입 밖에 내지 않을 뿐, 구슬처럼 영롱한 말이 침묵 속에서 끊임없이 오고 간다. 그런 경지에는 시간과 공간이 미칠 수 없다.

말이란 늘 오해를 동반하게 된다. 똑같은 개념을 지닌 말을 가지고도 의사소통이 잘 안 되는 것은 서로가 말 뒤에 숨은 뜻을 모르고 있기 때문이다. 엄마들이 아가의 서투른 말을 이내 알아들을 수 있는 것은 말소리보다 뜻에 귀 기울이기 때문이다. 이렇듯 사랑은 침묵 속에서 이루어진다.

사실 침묵을 배경 삼지 않는 말은 소음이나 다를 게 없다. 생각 없이 불쑥불쑥 함부로 내뱉는 말을 주워 보면 우리는 말과 소음의 한계를 알 수 있다. 오늘날 우리들의 입에서 토해지는 말씨가 지위 고하를 막론하고 자꾸만 거칠고 천박하고 야비해져 가는 현상은 그만큼 내면이 헐벗고 있다는 증거일 것이다. 안으로 침묵의 조명을 받고 있지 않기 때문이다.

따라서 성급한 현대인들은 자기 언어를 쓸 줄 모른다. 정치권력자들이, 탤런트들이, 가수가, 코미디언이 토해낸 말을 아무런 저항도 없이 그대로 주워서 흉내 내고 있다. 그래서 골이 비어 간다. 자기 사유마저 빼앗기고 있다.

수도자들에게 과묵이나 침묵이 미덕으로 여겨지는 것도 바로 그 점에 문제가 있기 때문이다. 묵상을 통해서 우리는 우리 안에 고여 있는 말씀을 비로소 듣는다. 내면에서 들려오는 그 소리는 미처 편집되지 않은 성서다. 우리들이 성서를 읽는 본질적인 의미는 아직 활자화되어 있지 않은 그 말씀까지도 능히 알아듣고 그와 같이 살기 위해서가 아니겠는가.

我有一卷經(아유일권경)

不因紙墨成(불인지묵성)

展開無一字(전개무일자)

常放大光名(상방대광명)

사람마다 한 권의 경전이 있는데

그것은 종이나 활자로 된 게 아니다

펼쳐 보아도 한 글자 없지만

항상 환한 빛을 발하고 있네.

불경에 있는 말이다. 일상의 우리들은 눈에 보이고 귀에 들리고 손에 잡히는 것으로써만 어떤 사물을 인식하려고 한다. 그러나 실체는 저 침묵처럼 보이지도 들리지도 잡히지도 않는 데에 있다. 자기중심적인 고정관념에서 벗어나 허심탄회한 그 마음에서 큰 광명이 발해진다는 말이다.

참선을 하는 선원에서는 선실 안팎에 '묵언(默言)'이라고 쓴 표지가 붙어 있다. 말을 말자는 것. 말을 하게 되면 서로가 정진에 방해되기 때문이다. 집단생활을 하다 보면 때로는 시와 비를 가리는 일이 있다. 시비를 따지다 보면 집중을 할 수 없다. 선은 순수한 집중인 동시에 철저한 자기 응시이다. 모든 시비와 분별망상을 떠나서만 삼매(三昧)의 경지에 들 수 있다.

말은 의사소통의 구실을 하지만 때로는 불필요한 잡음의 역기능도 하고 있다. 구시화문(口是禍門), 입을 가리켜 재앙의 문이라고 한 것도 그 역기능적인 면을 지적한 것이다. 어떤 선승들은 3년이고 10년이고 계속해서 묵언을 지키고 있다. 그가 묵언 중일 때는 대중에서도 그에게 말을 걸지 않는다.

수도자들이 이와 같이 침묵하는 것은 침묵 그 자체에 의미가 있어서가 아니다. 침묵이라는 여과 과정을 거쳐 오로지 '참말'만을 하기 위해서다. 침묵의 조명을 통해서 당당한 말을 하기 위해서다. 벙어리와 묵언자가 다른 점이 바로 여기에 있다.

칼릴 지브란은 우리들이 해야 할 말을 "목소리 속의 목소리로 귓속의 귀에" 하는 말이라고 했다. 사실 언어의 극치는 말보다도 침묵에 있다. 너무 감격스러울 때 우리는 말을 잃는다. 그러나 사람인 우리는 할 말은 해야 한다.

그런데 마땅히 입 벌려 말을 해야 할 경우에도 침묵만을 고수하려는 사람들이 있다. 그것은 미덕이 아니라 비겁한 회피다. 그와 같은 침묵은 때로 범죄의 성질을 띤다. 옳고 그름을 가려 보여야 할 입장에 있는 사람들의 침묵은 비겁한 침묵이다. 비겁한 침묵이 우리 시대를 얼룩지게 한다.

침묵의 의미는 쓸데없는 말을 하지 않는 대신 당당하고 참된 말을 하기 위해서이지, 비겁한 침묵을 고수하기 위해서가 아니다. 어디에도 거리낄 게 없는 사람만이 당당한 말을 할 수 있다. 당당한 말이 흩어진 인간을 결합시키고 밝은 통로를 뚫을 수 있다. 수도자가 침묵을 익히는 그 의미도 바로 여기에 있다.

- 법정, 『무소유』, 범우사, 2004, 99-104쪽.

생각거리 & 토론거리

- 글쓴이가 보기에 현대사회와 현대인 말의 특징은 무엇인가?
- 침묵이 미덕이 될 때와 그렇지 않을 때는 언제인가?
- '참말'이란 무엇이며 그것을 하기 위해서는 어떤 노력이 필요한지 이야기해 보자.

글쓰기 과제

- 진정한 의사소통 도구로서 말의 가치에 대해 생각해 보자. 좋은 말과 나쁜 말, 해야 할 말과 하지 말아야 할 말이 있는지, 그것들을 가르는 기준은 무엇인지, 또 말을 대하는 태도는 어떠해야 하는지 등을 포함하여 다섯 단락 글쓰기를 해 보자.

비유

1. 비유의 정의

비유란 어떤 현상이나 사물을 직접 설명하지 않고 다른 비슷한 현상이나 사물에 빗대어 설명하는 것을 말한다. 문학에서 표현하고자 하는 대상을 다른 대상에 비유하여 표현하는 수사법으로서 직유법, 은유법, 의인법, 환유법, 중의법 등이 있다. 비유를 사용했을 때 좋은 점은 대상의 특성을 쉽게 표현할 수 있고 또 새로운 의미를 부여할 수도 있다는 점이다. 그러므로 비유를 적절히 활용하면 독자에게 대상에 대한 구체적 인상이나 신선한 느낌을 전달할 수 있다.

2. 비유의 방법 : 직유와 은유

비유를 위해서는 우선 표현하고자 하는 대상(A; 원관념)과 그것을 빗대는 대상(B; 보조관념) 사이에 어떤 유사점이 있는지 생각해 보아야 한다. 예를 들어 아이의 초롱초롱한 눈동자와 밤하늘에 빛나는 별은 둘 다 '빛이 난다.'는 공통점을 가지고 있다. 하여 '밤하늘의 별(B)처럼 빛나는 아이의 눈(A)'과 같은 비유가 가능하다. 명사 뒤에 '처럼, 같이'를 쓰거나 동사 뒤에 '-듯이, -(으)ㄴ/는/(으)ㄹ 듯이'를 사용하면 직유가 되고, 이것들을 쓰지 않은 채 두 대상을 같은 것, 즉 '아이의 눈은 밤하늘의 별(A=B)'로 표현하면 은유가 된다. 아래 제시된 예를 참고하면 두 가지 비유법의 차이를 이해할 수 있을 것이다.

직유	은유
• 그녀의 목소리는 천사처럼 맑고 고왔다. • 나비처럼 날아서 벌처럼 쏜다. • 그는 어디로 튈지 모르는 럭비공 같다. • 그 소식을 들으니 마음이 찢어질 듯 아프다.	• 시간은 금이다. • 너희는 세상의 등불이다. • 선과 악이 모두 나의 스승이다. • 이것은 소리 없는 아우성/저 푸른 해원을 향하여 흔드는/영원한 노스탤지어의 손수건 (유치환의 시 「깃발」에서)

3. 비유의 구체적 사례

우리가 앞에서 읽은 글을 통해 비유의 예들을 살펴보자.

㉠'생각의 감옥'에 갇혀 생활하던 여름날, 도서관으로 친구들이 찾아왔다. 함석헌 옹을 찾아뵙자는 것이었다. 선생님은 군부 독재의 종식을 위해 실천적인 민주화 운동을 부르짖고 있었다.

쌍문동 버스 종점에 내린 우리는 물어물어 함석헌 옹 댁을 찾았다. 꼬불꼬불한 골목을 돌아 도착한 곳은 단아한 기와집이었다. 30도가 넘는 무더운 날씨였지만 선생님은 예의 한복 차림이었다. ㉡긴 백발과 하얀 수염이 도인처럼 보였다. 여든 살에 가까운 노인이었지만 눈빛만은 형형하게 빛났다.

– 백경학 외, 『지금은 서툴러도 괜찮아』, 샘터사, 2012, 98쪽.

우리는 또 무엇으로 친구를 알아볼 수 있을까. 그렇다, 말이 없어도 지루하거나 따분하지 않은 그런 사이는 좋은 친구일 것이다. 입 벌려 소리 내지 않더라도 ㉢넉넉하고 정결한 뜰을 서로가 넘나들 수 있다. 소리를 입 밖에 내지 않을 뿐, ㉣ 구슬처럼 영롱한 말이 침묵 속에서 끊임없이 오고 간다. 그런 경지에는 시간과 공간이 미칠 수 없다.

- 법정, 『무소유』, 범우사, 2004, 100쪽.

여기서 ㉡과 ㉣은 직유의 예이고, ㉠과 ㉢은 은유의 예에 해당한다. ㉡과 ㉣에는 모두 '처럼'이 쓰여 누구나 쉽게 직유임을 알 수 있다. 또한 비유의 대상, 즉 원관념이 무엇인지(㉡은 말, ㉣은 긴 백발과 하얀 수염)도 금방 파악할 수 있다. 이에 비해 은유는 특정 조사나 어미가 붙는 것과 같은 형태적 특징이 없다. 또 비유 대상(원관념)이 생략되는 경우가 많아 파악이 쉽지 않은데 ㉠과 ㉢도 그러하다. ㉠은 글쓴이가 해결책은 찾지 못한 채 이런저런 생각에만 빠져 지내는 답답한 상황을 비유한 것이고, ㉢은 친구와 친구 사이에 소통이 이루어지는 어떤 공간을 비유한 것으로 이해할 수 있다. 그것은 각자 가지고 있는 자기만의 영역일 수도 있고 친구와 함께 공유하는 공간일 수도 있다. 같은 은유라 하더라도 ㉠에 비해 ㉢의 의미를 이해하는 것이 좀 더 까다롭게 느껴진다. 이는 ㉠이 오랫동안 사용되어 비교적 익숙한 비유인 데 비해 ㉢은 글쓴이가 새롭게 시도한 비유라는 점 때문이다.

4. 죽은 비유와 참신한 비유

누군가 처음 사용한 비유가 오랫동안 여러 사람들에 의해 반복적으로 쓰이다 보면 결국에는 낡은 것이 되고 만다. 즉, 습관적이고 상투적인 비유가 되어 버리는데 이를 '죽은 비유'라 한다. 죽은 비유는 일상생활에서 흔히 쓰이는 자동화된 비유로서 대상들 사이의 관계, 사물과 세계의 의미를 더 이상 새롭게 보여 주지 못한다. 아래 표현들은 죽은 비유의 예라 할 수 있다.

- 세월은 유수와 같다.
- 시간이 쏜살같이 지나갔다.
- 앵두 같은 입술, 백옥 같은 피부
- 사랑은 타오르는 불꽃
- 인생은 나그넷길

한편, 참신한 비유는 서로 다른 범주에 속하는 대상들 사이에서 내적인 유사성을 발견해 내거나 그것들을 기존에 없던 방식으로 연결 지었을 때 가능하다. 표현 대상과 그것을 빗대는 대상 사이에 겉으로 드러나는 공통점이 없어도 문제되지 않는다. 오히려 누구나 관계없다고 생각하던 것들을 연결함으로써 신선함을 불러일으킬 수 있다. 하여 참신한 비유는 문학적인 글에 독창성과 개성, 생명력을 부여하는 중요한 요소로 작용한다.

1
향료(香料)를 뿌린 듯 곱-단한 노을 우에
전신주(電信柱) 하나하나 기울어지고

먼- 고가선(高架線) 우에 밤이 켜진다

2
구름은
보랏빛 색지(色紙) 우에
마구 칠한 한 다발 장미(薔薇)

목장(牧場)의 깃발도 능금나무도
부울면 꺼질 듯이 외로운 들길

– 김광균, 「뎃상」, 『김광균 문학전집』, 소명출판, 2014, 64쪽.

위 시의 3연 "구름은/보랏빛 색지 우에/마구 칠한 한 다발 장미"를 예로 생각해 보자. 일반적으로 구름과 장미 사이에서 공통점을 찾기란 쉽지 않다. 그렇지만 이 시에 사용된 '구름은 장미(A=B)'라는 은유는 매우 구체적이면서도 설득력 있게 다가온다. 노을과 어둠이 뒤섞여 보랏빛으로 변한 하늘을 배경으로 아직 남아 있는 노을에 반사된 붉은 구름이 '한 다발 장미'로 표현된 것이다. 시각적 이미지를 통한 참신한 비유로 독자들은 노을이 어둠으로 변해 가는 풍경과 함께 쓸쓸하면서도 고즈넉한 분위기를 느낄 수 있다. 이처럼 신선한 비유는 독자의 감각을 일깨워 문학적 글 읽기에 재미를 더해 준다.

글쓰기 과제

- 부모님의 잔소리는 무엇과 비슷한지 생각해 보고, 비유를 사용해 한 단락으로 써 보자.

4. 나의 한국 생활

당신은 당신이 길들인 것에 대해 끝까지
책임을 져야 하는 거예요.

— 생텍쥐페리, 『어린 왕자』

처음 낯선 한국 땅에 도착했을 때 설렘과 두려움으로 떨었던 기억이 있을 것이다. 공항에 내렸을 때의 첫 공기, 처음으로 만난 사람, 처음으로 탔던 대중교통 수단, 처음으로 밥을 먹었던 식당, 처음으로 혼자 주문을 했던 카페, 처음으로 받았던 수업, 처음으로 여행했던 도시 등 무수한 첫 경험들이 이제는 어느 정도 익숙한 일상이 되면서 한국과의 '인연(因緣)'을 이어 나가고 있을 것이다.

'인연'은 사람들 사이에 맺어지는 관계를 뜻하는 어휘다. 보통 '인연을 맺다.', '인연이 있으면 또 만납시다.' 등의 표현으로 쓰이는데, 인연은 본래 불교 용어다. 어떤 결과를 만드는 직 · 간접적인 원인을 뜻하는 말로, 현재의 결과는 전생의 어떤 원인에 의한 것이라는 윤회적 사유와 믿음을 반영한다. 즉 모든 만남이 인연인 것이다.

인연에는 여러 종류가 있다. 스치는 인연이 있는가 하면, 오래오래 이어지는 깊은 인연이 있다. 서로 좋은 영향을 끼치는 향기로운 인연이 있는가 하면 만나지 않았으면 좋았을 '악연'도 있다. 이 장에서는 한국에서의 생활을 떠올려 보면서 나와 한국, 나와 한국 사람들과의 만남과 관계를 생각해 본다.

이 장에서는 총 네 편의 글이 소개가 된다. 세 편의 글은 이방인의 눈에 비친 한국의 모습이다. 첫 번째 글의 글쓴이는 1894년부터 1901년까지 한국에 머물렀던 콘스탄스 테일러라는 스코틀랜드 여성 화가이고, 두 번째 글의 글쓴이는 유튜버인 다니엘 브라이트, 세 번째 글의 글쓴이는 교수이자 작가인 안드레아 솔라노라는 사람이다. 두 번째와 세 번째 글의 글쓴이는 각각 영국과 콜롬비아 남성으로 한국인 아내와 함께 현재 서울에 살고 있다는 공통점을 지닌다. 세 사람의 글을 비교해서 읽으면서 100년 전 한국과 현재의 한국을 비교해 보아도 좋고, 한국과 인연을 맺은 세 사람의 이방인이 각각 어떤 시선으로 한국을 보고 있는지를 비교해 보는 것도 재미있을 것이다. 물론 이를 통해 한국에 대한 나의 시각은 어떤 것인지도 생각해 보아야 한다. 마지막 글은 한국의 공동체 문화를 소개하고 있는 글이다. 한국과 자기 나라의 차이점과 공통점을 비교하면서 한국을 더 깊이 있게 이해할 수 있을 것이다.

'옷깃만 스쳐도 인연'이라는 말이 있다. 스쳐 지나가는 사람도 오래전 과거에 나와 인연이 있다는 것이니 몇 년을 유학하고 있는 한국은 나와는 보통 인연이 아닐 것이다. 또한 한국에서 만난 친구들과 선생님, 자주 가는 식당이나 카페, 슈퍼 주인과의 인연은 말할 것도 없을 것이다. 한국과 한국에서 만난 사람들은 얼마나 아름다웠는지, 얼마나 이상했는지, 얼마나 아쉬웠는지, 얼마나 행복했는지, 얼마나 힘겨웠는지 생각해 보면서 한국, 혹은 한국인과 나의 인연은 어떠한지, 앞으로 어떻게 그 인연을 이어 나갈 것인지 생각해 보자.

생각하기

- '청운(靑雲)의 꿈을 안고'라는 표현이 있다. 여러분들은 어떤 꿈을 안고 한국에 왔는가?
- 한국에 대한 첫인상은 어떠했는가? 한국에 살면서 그 인상은 얼마나 바뀌었는가?
- 한국에서 생활하면서 문화 차이 때문에 힘들었던 적이 있는가? 그것을 어떻게 극복했는가?

서울 묘사

나는 화사한 여름 저녁에 처음으로 서울 도성 곳곳을 산책했다. 이 시각이면 동서로 뻗어 있는 주요 거리는 항상 사람들로 웅성거린다. 저물어가는 태양이 이 세상에서 가장 아름다운 그림 같은 군중들 위로 차분한 빛을 던진다. 사람들은 아주 옅은 푸른색이나 연한 초록색, 옅은 자주색, 옅은 황색, 혹은 눈처럼 흰 긴 옷을 나부끼며 이리저리 움직였다. 머리에 쓴 검은 모자는 다채롭게 섞인 색깔과 어울리며 중심을 잡아 주었다. 굽실거리는 종들은 군중들 틈을 뚫고 소리 높여 외치며 높은 관리들을 태운 사인교*를 메고 지나갔다. 의자의 측면은 타고 있는 사람이 희미하게 보이도록 반투명으로 되어 있어 마치 유리창이 달린 찬장과 비슷해 보였다. 다른 고관들은 말이나 나귀를 타고 지나가는데, 이 관리들은 아름다운 비취색, 즉 관리를 의미하는 색의 옷을 입고 있었다. 말안장 머리에 달린 손잡이를 꽉 움켜잡은 이들의 양옆은 등자에 올린 발을 잡은 구종들과 자그마한 말을 끄는 또 다른 하인이 따랐다.

문이 닫힌 가마들, 즉 상류층으로 보이는 부인들이 탄 가마들이 지나갔는데, 종종 따라다니는 작은 소녀 시종들은 가마꾼들의 빠른 걸음을 따라잡기 위해 뛰어야 했다. 이 어린 하녀들은 노란색이나 녹색의 짧은 윗도리와 아주 풍성한 주홍색 치마를 입었는데, 그 모습이 마치 양귀비 꽃송이가 뒤집힌 모습 같았다. 이 외에도 여성들은 긴 녹색 망토를 덮어쓴 신비스러운 인물들로 대변된다. 이따금 이들은 주름진 망토 너머로 검은 눈을 들어 호기심이 동한 듯 외국인들을 가만히 쳐다보곤 했다.

(중략)

한 줄로 길게 늘어선 가게들은 이 얼룩덜룩한 군중들과 어울리는 배경이 된다. 이 가게들은 서울의 '동부 거리'를 형성한다. 여기서는 기성복, 돗자리, 체, 부채, 호롱불, 담뱃대와 같은 수백 가지 종류의 물건들을 살 수 있다. 한 가게에 들어가 보면 가게 주인이 책상다리를 하고 바닥에 앉아 느긋하게 파이프 담배를 즐기고 있는 것을 보게 될 것이다. 그는 누가 들어와도 아랑곳하지 않고, 물건을 살펴보는 사람을 상대하려고도 하지 않을 것이다. 한편, 아무것도 사지 않았다고 해도 전혀 짜증 내는 기색이 없이 나가는 사람을 쳐다보기만 할 것이다!

이른 아침의 동부 거리는 활기찬 장면을 선사한다. 이곳에는 커다란 종이 있는데, 일정한 시각에 종을 울려 경고 신호를 보내면 서울에 사는 모든 남자들은 집 안으로 들어가야 했다. 종루 앞거리에는 활발하게 움직이는 상인들과 손님들로 북적거렸다. 커다랗고 평평한 바구니나 돗자리에는 곡식들이 수북이 쌓여 있고, 사람들은 곡식들을 살펴보거나 만져서 손가락 사이로 흘러내려 본다. 모두들 목청을 높여 한껏 소리치는데, 한국에서는 소리를 지르지 않고는 장사를 할 수가 없다.

거리 조금 위쪽에는 과일 시장이 열린다. 이곳에서는 여름이나 초가을 무렵에 볼 만한 광경이 펼쳐진다. 7월에는 바구니에 산호색의 붉은 체리가 수북이 쌓이고, 좀 더 시기가 지나면 황금빛 감과 심홍색의 복숭아가 무더기로 나온다. 피라미드로 쌓은 사과는 쌓아 올리는 데 꽤 힘들었을 법한 작은 품종으로, 포도꽃처럼 아주 섬세한 꽃이 핀다.

- 장 드 팡주 · 콘스탄스 테일러, 황혜조 옮김, 『프랑스 역자학자의 한반도 여행기 코리아에서 · 스코틀랜드 여성 화가의 눈으로 본 한국의 일상』, 살림, 2013, 111-112, 115-116쪽.

---

* 사인교: 네 명이 메는 가마의 일종이다.

생각거리 & 토론거리

- 윗글은 1894년부터 1901년까지 한국에 머물렀던 외국인의 눈에 비친 서울의 모습이다. 이 글에 나오는 '동부 거리'는 지금의 어디일까?
- 한국을 바라보는 글쓴이의 시선은 어떠한가?
- 한국의 시장에 가 본 경험에 대해 이야기해 보자. 한국의 시장 풍경 중 가장 인상 깊었던 것은 무엇이었는가?
- 한국에서 가장 아름답다고 생각했던 풍경 중 하나를 고르고, 그 풍경을 설명해 보자.

글쓰기 과제

- 내가 지금 사는 곳을 천천히 산책해 보자. 그리고 그곳의 풍경이나 이웃 사람들의 모습을 세 단락 이상 써 보자.

종로 광장시장에서 어르신들과 소주 한 잔*

깜깜한 밤, 광장시장에 도착하다

비가 추적추적 내리고 습도가 높은 밤이었다. 광장시장 근처는 차들로 엄청 붐볐지만 저녁 9시쯤 되자 상가와 식당이 차츰 문을 닫고 있었다.

현지와 촬영하는 일이 흔치는 않은데, 오늘은 특별하게 현지와 함께해서 그런지 느낌이 새로웠다. 현지와 함께 촬영을 하면 그녀의 효율적이면서 창의적이고 추진력 넘치는 성격 덕분에 일이 수월하게 끝나곤 했다.

이번 광장시장 촬영에서는 아담과 알렉스 두 사람이 카메라맨으로 촬영을 맡았다. 한 명이 옆에서 가까이 찍고 다른 한 명이 조금 멀리서 와이드 컷을 찍기로 했다. 먼저 시장 앞에서 인트로를 찍은 후 시장 안으로 걸어 들어가면서 촬영을 이어갔다.

시장을 돌아다니다 보니 시장 안의 먹자 골목이 크게 두 부류로 나뉘어 있었다. 한쪽은 순대, 만두, 족발과 마약 김밥, 그리고 다른 한쪽은 싱싱한 해산물과 술을 팔았다. 끝나 가는 시간대의 어둡고 적막한 분위기 때문인지 살아 있는 낙지와 여러 가지 생선들을 보니 약간은 기괴한 기분이 들었다.

촬영을 하며 시장을 돌아다니다가 닭발과 소주로 회식을 하고 있는 중년 남자들을 보았다. 그들은 흥이 올라 연신 월드컵 구호를 외치며 우리에게 소주를 권했다.

"대~한민국 짝짝~짝짝짝! 대~한민국~ 짝짝~짝짝짝!"

사실 시장 안은 이분들과 몇몇 유명한 전집을 빼고는 손님이 거의 없었다. 그래서 우리도 유명하다는 전집으로 가서 야외에 앉아 전과 막걸리를 주문했다. 막걸리 뚜껑을 따서 한 모금 마셔 보려는데 갑자기 옆 테이블에 앉아 있던 젊은 사람이 다가오더니 친절하게 막걸리병을 흔들어 따라 주고 마시는 방법까지 알려 줬다.

막걸리를 마시며 촬영하는 동안 우리 옆 테이블과 전집 안에서 술 마시는 사람들의 대화 소리와 잔을 부딪치는 소리 말고는 어떠한 소리도 나지 않았다. 이렇게 조용하고 어두운 곳에 있자니 흡사 저녁 예배가 끝나기 전에 기도하며 기다리고 있는 듯한 묘한 기분이 들었다.

그때 갑자기 술에 잔뜩 취한 아저씨가 우리 앞에 나타났다. 술에 취하긴 했지만 아주 반갑고 신나는 목소리로 우리에게 인사를 건네며, 자기가 '외국인'을 얼마나 좋아하는지 아느냐며 여러 번 강조했다.

"외국 사람! 외국 사람! 아이 라이크 외국 사람!"

사실 영국에서는 '외국인'이라는 단어를 쓰면 인종차별을 한다고 오해할까 봐 그 말을 아예 쓰지 않는 게 좋다는 인식이 있는데, 한국에서는 외국인을 외국인이라고 표현하는 것에 거리낌이 없는 것 같다. 광장시장에서 만난 이 아저씨 역시 한국 사람과 생김새부터 다른 우리의 다름과 차이를 어떠한 편견도 없이 긍정적으로 받아들였고 심지어 강조하기까지 했다.

광장시장을 다녀오고 나니, 이곳이야말로 소통의 장이 아닐까 하는 생각을 해 보았다. 사실 음식이 특별하다거나 대단한 전과 막걸리를 파는 것은 아니지만 좁디좁은 테이블에 조금은 불편하게 모여 앉아 다양한 손님들부터 시장 상인들까지 대화와 웃음이 끊이지 않는 곳이란 생각이 들었다. 이렇게 평범한 사람들이 즐겨 찾는 곳을 찾아다니며, 현실과 가깝고 체험적인 콘텐츠를 만들어 보니 우리가 앞으로 어떤 콘텐츠를 만들어 나가야 하는지에 대한 방향이 조금씩 그려지는 것 같다.

이번 촬영은 우리가 광장시장이란 곳을 처음 방문했기에 접할 수 있는 솔직한 리뷰들과 반응들이 나왔다. 마치 친한 친구들과 놀러 가서 맛있는 음식을 먹고 온 기분이었다. 물론 광장시장을 자주 찾는 어르신들을 만나 한잔하면서 그들과 소통하려고 하는 우리의 모습이 다소 서툴러 보일 순 있지만 한국의 정에 대해 보여 주고 살아 있는 시장의 모습을 담을 수 있어 벅찬 순간이었다.

오늘 밤, 우리에게 필요한 것은 '대화'

이제부터 소개할 내용은 광장시장을 촬영할 때도 그리고 업로드된 영상에서도 제일 마지막으로 나왔기 때문에 글을 쓸 때도 마지막으로 쓰고 싶었다.

촬영을 모두 끝내고 우리는 시장 뒷문으로 나와 장비를 들고 택시를 타러 걸어가고 있었다. 그런데 아까 전에 우리를 '외국 사람'이라고 부르던 술에 취한 아저씨가 보였다. 횟집에서 혼자 술과 해산물을 먹고 있었는데 텅 빈 소주병이 테이블에 세 병 정도 있었고 아저씨는 여전히 술을 마시고 있었다. 다른 가게들은 이미 거의 문을 닫은 상태였다. 왠지 쓸쓸해 보이는 아저씨를 보니 간단히 인사라도 드리고 가야겠다고 생각했는데, 조엘이 바로 내게 말했다.

"우리가 계속 찍고 있을 테니까 단이 가서 아저씨랑 얘기 좀 해봐."

그렇게 아저씨에게 다가가 인사를 드리자 아저씨는 왠지 슬프게 반가운 눈빛으로 같이 한잔하자고 말씀하셨다. 소주를 마시며 서로 소개를 했지만 사실 별 의미 없는 대화들을 나누었다. 왠지 오늘 밤 아저씨에게 필요한 것은 이런 의미 없는 대화가 아닐까 하는 생각이 들었다. 이런저런 이야기를 나누다 보면 조금이라도 위로받고 누군가와 함께한다는 생각이 들 테니까 말이다.

대화 중 나의 고향인 웨일스에 대해 얘기하다가 세계적으로 유명한 웨일스의 축구 선수 가레스 베일을 언급했다.

"레알 마드리드 선수 중에 가레스 베일이라고 있지 않습니까? 그 양반도 웨일스 출신이거든요."

"그 양반이라는 말을 알다니, 한국말을 참 잘하네!"

그때부터는 촬영을 하는 것도 잊고 나이도 잊고 정말 친구와 술 한잔 하는 것처럼 신이 나서 아저씨와 더 깊은 대화를 이어갔다.

- 다니엘 브라이트, 『저 마포구 사람인데요?』, 한겨레출판사, 2020, 171-173, 176-177쪽.

---

* 글쓴이는 〈단앤조엘〉이라는 한국 관련 유튜브 채널을 운영하고 있다. 이 글과 관련된 유튜브 영상은 다음 주소에서 확인할 수 있다.
'광장시장에서 친절하신 한국 아재하고 모듬전+막걸리 먹방!?'
www.youtube.com/watch?v=frYC0JZmJHM

생각거리 & 토론거리

- 글쓴이는 광장시장에서 어떤 사람들을 만났는가.
- 글쓴이는 광장시장을 왜 '소통의 장'이라고 했는가.
- 시장과 마트가 다른 점은 무엇인지 이야기해 보자.

글쓰기 과제

- '내가 만난 사람'을 주제로 세 단락 글을 써 보자.

신기한 서울살이 1

다음은 내가 서울에 자리를 잡은 후 버스나 지하철, 그리고 가게나 식당에서 본 신기한 것들에 대한 목록이다.

- 남자들이 발목 양말을 엄청 신는다.
- 길거리에서 담배를 피우는 여자는 거의 없다.
- 치킨집에서 주문하면 나오는 닭들을 보건대, 한국의 닭들은 난쟁이 종자인 게 틀림없다.
- 어떤 커플들은 (청소년도 아닌데) 같은 티셔츠와 같은 운동화, 혹은 같은 모자를 착용한다.
- 데오드란트를 파는 곳이 드물다. 어쩌면 한국 사람들은 땀을 흘리지 않는지도!
- 데오드란트를 발견한 유일한 곳은 영어책을 파는 서점의 계산대였다.
- 옥수수 맛 아이스크림과 솔잎 맛 음료수가 존재한다.
- 승용차의 90퍼센트가 까만색, 은색, 혹은 흰색이며 당연히 한국산이다.
- 남자 회사원들에게도 매일의 면도는 불문율이다.
- 여자 회사원들에게 힐은 암묵적 의무이다.
- 아이들이 혼자 걸어서 하교한다.
- 지하철의 고요가 교회의 고요 같다.
- 간단한 의약품을 배달해 주지 않는다. 콜롬비아에서는 전화 한 통으로 아스피린이나 락사토르*를 배달시킬 수 있다.
- 40대 이상 남성의 국민 스포츠는 길바닥에 침 뱉기다.
- 길에 쓰레기통이 없다. 그런데도 비교적 깨끗하다.

• 자기 명함을 갖는 것은 휴대전화를 갖는 것만큼 중요하다.

* 락사토르: 완하제.

신기한 서울살이 2

서울살이 6개월 차. 여전히 궁금한 것들과 여전히 어리벙벙하게 느껴지는 것들에 대한 목록 그 두 번째.

- 대학 입시를 준비하는 학생들만을 위한 특별한 비타민과 수액이 있음. 보통 이 학생들은 하루에 두 시간 정도만 잠.
- 이들 중 많은 수가 가운데 푹신한 구멍이 있는 토막잠 베개를 들고 다님. 딱딱한 책상에서 편하게 엎드려 잘 수 있게 고안된 것임.
- '심마니'란 산을 돌아다니면서 인생을 한 방에 바꿔 줄 야생 산삼을 찾는 사람들임. 송로버섯을 찾아다니는 사람과 비슷하다고 생각하면 됨. 100년 이상 묵은 산삼을 찾기만 하면 3억 정도는 쉽게 받을 수 있다고 함.
- 젊은 사람들이 나와서 비디오게임 배틀만 내내 보여 주는 텔레비전 채널이 있음.
- 붉은색 지갑이 다른 색 지갑보다 훨씬 더 많이 팔림. 붉은 지갑은 돈을 부른다고 함.
- 맥주 두 캔을 사면 주는 사은품: 고비사막에서 봄마다 불어오는 황사로부터 나를 지켜 줄 마스크 세 개.
- 준연예인급 학원 선생들이 있음. 이 정도 되면 얼굴에 손을 대기도 하는데 버스 광고판의 모델이 되기도 함.
- 개 전용 신발을 신은 강아지들이 있음. 이해할 수 있음. 여기에서는 집

에 들어가면 신발을 벗어서 집 안을 더럽히지 않는 것을 생각하면.

- 서울 번화가의 식당에서 일하는 아주머니 중 상당수가 중국계임.
- 한국에 완전한 대머리는 없으며 머리숱을 거의 잃은 사람들 대부분은 가발을 쓰고 다님. 당구공처럼 매끈한 민머리는 위험한 범죄자이거나 아픈 사람임.
- 백화점 마트에서 고급스럽게 포장된 반건조 조기 다섯 마리 가격: 120만 원. 한약재로도 쓰인다고 함.
- 한국 남자가 첫 취직하는 평균 나이는 33세. 여자는 28세. 그때까지 공부한다는 뜻임. 남자의 경우에는 2년간 군 복무도 해야 함.
- 서울 시내 길거리에는 음식이나 간식, 혹은 잡화를 파는 노점상이 많은데 그중에는 긴급히 결단을 내려야 하는 사람들을 위한 길거리 점집도 있음.

– 안드레아스 솔라노 지음, 이수정 옮김, 『한국에 삽니다』, 은행나무, 2018, 23-24, 155-156쪽.

생각거리 & 토론거리

- 글쓴이는 포르투갈 사람으로 한국인과 결혼하여 한국에 살고 있는 작가 겸 교수다. 글쓴이가 한국 생활에서 낯설고 신기하게 느꼈던 것들 가운데 동의하는 것들은 어떤 것들이 있는가?
- 글쓴이가 낯설게 느끼고 있는 것들 중 여러분들 나라와 공통적이거나 비슷한 것들은 무엇이 있는가?
- 내가 한국에서 살면서 낯설거나 신기하게 느꼈던 것들의 목록을 만들어 보자. 그리고 친구들과 이야기를 나누어 보자.

글쓰기 과제

- '외국인이 ○○하는 한국의 다섯 가지'라는 주제로 카드 뉴스를 만들어 보자.

주제 예시

외국인이 좋아하는/싫어하는 한국 음식 다섯 가지

외국인이 좋아하는 한국 가수 다섯 명

외국인이 좋아하는 한국 드라마 다섯 편

외국인이 가 보고 싶은 한국의 여행지 다섯 곳

외국인이 이해하기 힘들어하는/놀라는/부러워하는 한국 문화 다섯 가지

외국인이 싫어하는 한국 사람

카드 뉴스 예시 1

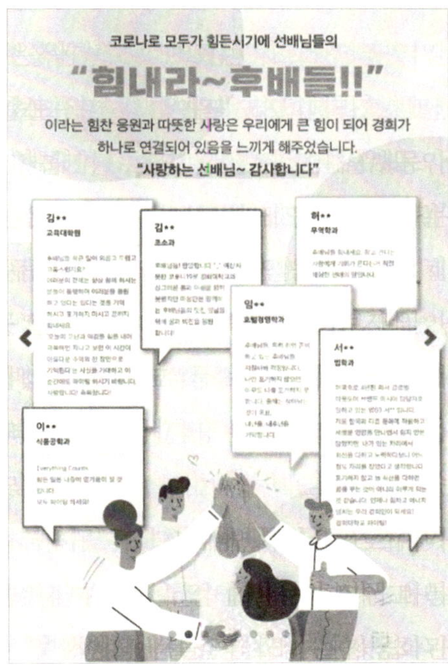

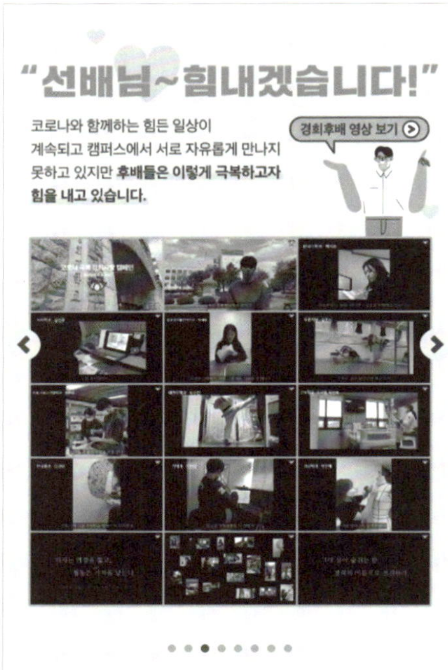

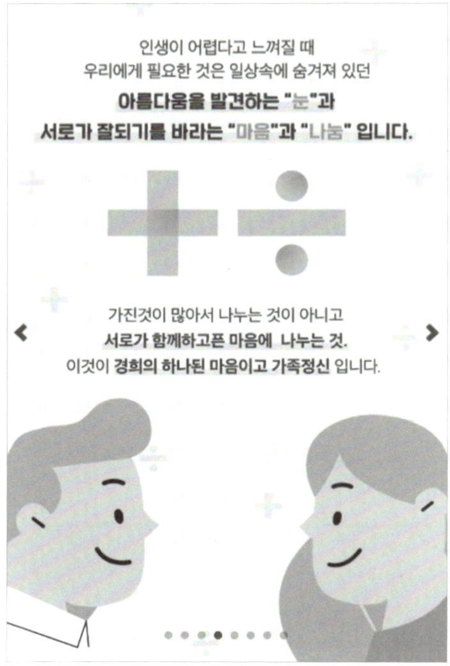

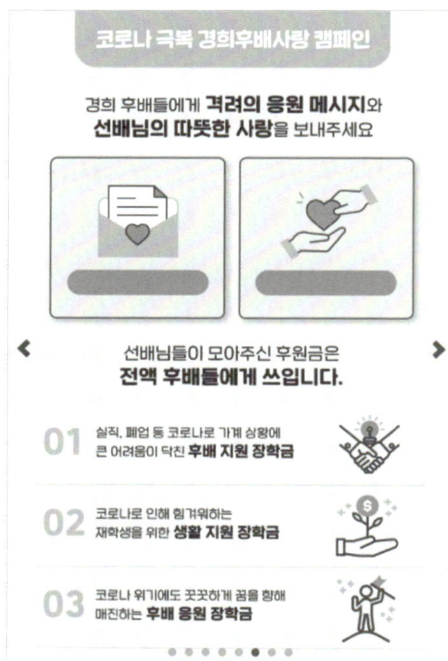

— 출처: 경희대학교 대외협력처

카드 뉴스 예시 2

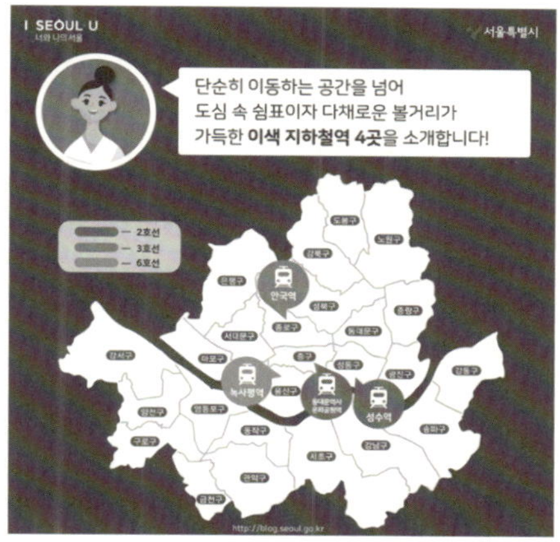

— 출처: 서울시청 뉴미디어담당관 서울사랑 편집실

한국이라는 공동체

단일민족임을 강조하는 한국 사회에는 개인보다 공동체를 중요시하는 공동체 문화가 자리하고 있다. 공동체 문화는 항상 개인의 사적인 면보다는 공적인 면을 더 중요하게 생각하며 집단적으로 사고하는 성격이 강하다. 특히 한국에서 공동체는 민족이나 국가 혹은 집안이나 지역이라는 이름으로 강조되는데, 이러한 현상은 민족주의나 국가주의, 가족주의나 지역주의의 형태로 표출된다. 특히 일상적인 생활에서 이러한 공동체 문화는 혈연주의, 지역주의, 연줄주의, 상하서열 문화, 모임 문화 등으로 나타난다.

경제적으로 볼 때, 한국은 오랫동안 농업 사회였기 때문에 핏줄로 연결된 친족(親族, relatives)이 경제적 공동체의 기본이 되어 왔다. 사상적으로 볼 때, 고려 시대에는 불교가 국가적 종교가 되면서 인연(因緣, relation)을 강조하는 문화가 형성되었고, 조선 시대에는 유교가 국가의 통치 이념이 되면서 아버지의 핏줄을 중심으로 하는 혈연(血緣, kinship)이 강조되었다. 이러한 요소들이 서로 결합되면서 강한 혈연주의가 형성되었다. 혈연을 강조하는 문화는 부모를 섬기고 자식을 사랑하는 아름다운 가족 공동체를 만드는 중요한 사회적 원리가 되고 있다.

(중략)

한국의 공동체 문화가 군대 문화와 결합하면서 나이가 많은 사람과 적은 사람, 직위가 높은 사람과 낮은 사람 등으로 상하를 분명하게 나누는 상하서열 문화가 자리 잡게 되었다. 명령과 복종이 중요한 조직 원리인 군대 문화와 상하서열을 강조한 유교 문화가 결합하여 이러한 문화를 낳게 되었다. 오늘날에도 한국인들은 수평적 관계보다는 수직적인 관계를 중시하는 경향을 여전히 보이고 있다.

한국의 공동체 문화가 오늘날 가장 일상적으로 표출된 형태로 모임 문화를 꼽을 수 있다. 한국인은 누구나 많은 모임에 참여한다. 한국인이 주로 활동하는 모임의 대표적인 예로는 같은 고향 출신의 모임인 향우회, 같은 학교 출신의 모임인 동창회 혹은 동문회, 같은 종교에서 활동하는 신앙 모임 등이 있다. 이처럼 한국인들은 모임 만들기를 즐기기 때문에 사소한 만남을 모임으로 이어 가는 경우가 많다. 최근에는 인터넷을 통해 같은 취미를 즐기는 사람들의 모임도 점차 늘고 있다.

이처럼 한국 사회는 개인보다 집단이나 전체를 강조하는 성향이 강하다. 물론 최근에 접어들어 젊은 신세대들이 개인주의적 성향을 드러내면서 공동체 문화가 조금씩 사라지고 있는 것도 사실이다. 그러나 여전히 한국인은 공동체 문화를 가치 있는 문화로 인식하고 있으며 한국 문화의 중요한 특성도 여기에 있다고 생각하고 있다.

– 이선이, 『외국인을 위한 한국현대문화』, 한국문화사, 2007, 15-17쪽.

생각거리 & 토론거리

- 한국의 일상적 생활에서 발견할 수 있는 '공동체 문화'에는 어떤 것들이 있는가?
- 내가 경험해 본 공동체 문화에 대해 이야기해 보자.
- 한국 공동체 문화의 좋은 점과 나쁜 점을 자유롭게 이야기해 보자.

글쓰기 과제

- 한국 공동체 문화와 자기 나라의 문화를 비교하는 글을 써 보자.
  - 다섯 단락으로 구성하되, 서론, 본론, 결론이 잘 드러나도록 한다.
  - 글의 분량은 A4 용지 1장 내외로 한다.

비교와 대조

1. 비교와 대조의 정의

비교와 대조는 두 가지 이상의 대상을 설명하는 방식으로, 공통점과 차이점을 통해 대상의 특성을 드러내는 방식이다. 비교와 대조는 일상에서도 흔히 쓰인다. 여러분들이 휴대전화를 사러 가게에 갔다고 가정해 보자. 다양한 상품이 진열되어 있고, 여러분은 그것들 사이에서 하나를 골라야 한다. 모델, 디자인, 브랜드, 가격 등 다양한 항목을 비교한 뒤 가장 마음에 드는 제품을 고를 것이다. 이처럼 비교와 대조는 대상의 성격이나 본질을 분명하게 이해하는 데 도움을 주는 방법으로, 우리가 어떤 선택을 하거나 결정을 할 때도 일상적으로 활용되는 전략이다.

2. 비교와 대조 표현 방법

비교와 대조를 할 때는 비교/대조 대상을 선정하고 그 대상들의 공통점과 차이를 기술한다. 문장 수준에서 흔히 사용하는 비교와 대조는 다음과 같다.

- 말하기는 쉽지만 쓰기는 어렵다.
- 인생은 짧고 예술은 길다.

- 이 휴대전화는 기능이 다양한 데 비해 배터리 수명이 짧다.
- 그리스인들은 개인을 독립적이고 개별적인 존재로 보았고, 진리를 발견하는 수단으로서의 논쟁을 중시했다. 이와는 대조적으로, 중국인들은 인간을 '사회적이고 의존적인' 존재로 파악하고 인간에게 가장 중요한 것은 개인의 자유가 아니라 조화라고 생각했다.

비교와 대조에 주로 사용되는 표현은 다음과 같다. 잘 기억해 두었다가 활용해 보자.

이에 비해, 이에 반해
-(으)ㄴ/는 데 비해, -(으)ㄴ/는 데 반해
반면(에), -(으)ㄴ/는 반면(에)
와/과 달리, (이와) 반대로, -(으)ㄴ/는 것과 달리

3. 비교와 대조의 법칙

1) 목적에 맞는 비교 대상을 선택하라

비교 대상은 목적에 따라 달리 선택해야 한다. 예를 들어 보자. '짜장면'을 주제로 비교의 글을 쓰려고 할 경우, 쉽게 떠오르는 비교 대상은 '짬뽕'이다. 중국 음식을 주문할 때의 고민이 자연스러운 경쟁 관계를 만들어 놓았기 때문이다. 그러나 '대표적인 서민 음식'을 주제로 글을 쓰고자 한다면 '짜장면'과 비교될 수 있는 음식은 '삼겹살' 정도가 될 수 있을 것이다. 따라서 대상을 선택하기 전에 우선 목적을 염두에 두어야 한다.

2) 동등한 비교 대상을 선택하라

비교 대상을 고를 때는 같은 범주 안에 있는 것을 고르는 것도 중요하다. 강아지와 고양이는 사람들이 가장 선호하는 반려동물로서 동등한 자격을 가지고 있다. 따라서 비교 자체도 의미가 있고 비교를 통해서 의미 있는 결론을 도출할 수 있다. 그러나 동물과 강아지를 비교할 수는 없다. 동물은 강아지보다 상위의 층위에 있으므로 같은 범주의 비교 대상이라고 할 수 없기 때문이다.

3) 목적에 부합하는 비교 내용을 구성하고 비교표를 작성하라

비교 목적에 맞는 비교 대상을 정했다면 다음으로는 어떤 점을 비교할 것인지에 따라 비교 항목을 구성해야 한다. 같은 대상을 비교하더라도 목적에 따라 비교 내용은 달라진다.

4. 비교와 대조의 기술 방법

비교의 기술 방식에는 대상 비교와 요목 비교가 있다. 대상 비교는 두 개의 대상이 가진 특성을 차례로 서술하는 방식이고, 요목 비교는 항목별로 두 대상을 비교하는 방식이다.

대상 비교 예시

녹차와 홍차는 찻잎을 이용해 만든다는 점에서 공통점을 지닌다. 그러나 녹차와 홍차는 만드는 방식이나 효능에서 차이가 있다.

녹차는 찻잎을 쪄서 만든 무발효차다. 따라서 찻잎의 고유한 녹색을 그대로 지니고 있으며, 폴리페놀이 잔류되어 떫은맛을 낸다. 반면, 홍차는 찻잎을 따서 가열 처리하지 않고 발효시켜 건조시킨 것으로, 차 속의 효소에 의해 황적색을 띤다. 이때 차 속에 많이 들어 있는 폴리페놀의 일종인 카테킨이 산화되어 떫은맛이 녹차보다 적다.

요목 비교 예시

마티스와 피카소는 출신 배경과 성장 과정이 매우 달랐으며 이는 작품 세계의 차이로 이어질 수밖에 없었다. 마티스는 프랑스 북부 르 카토 캉브레지 태생이고, 피카소는 스페인 안달루시아의 항구 도시 말라가 출신이다. 마티스가 북유럽 예술가 특유의 냉철한 지성을 지녔다면 피카소는 정열적인 스페인 사람들의 기질을 타고났다. 마티스는 법률 행정가로 일하다가 우연히 병상에서 그림을 그린 것이 계기가 되어 뒤늦게 화가가 되었고, 피카소는 어린 시절부터 미술에 천재적인 소질을 지녀 평생 그림에 몰두한 인물이다. 이런 두 사람의 기질적인 차이는 작품의 지향점 차이로 이어져, 마티스는 조화롭고 편안한 그림을 지향했던 것과 달리, 피카소는 긴장감을 불러일으키는 감각적 그림을 많이 그렸다.

글쓰기 과제

- '쌍벽을 이룬다.'는 말이 있다. 쌍벽을 이루는 두 대상을 생각해 보고, 비교하는 글을 써 보자.

3부

글쓰기 윤리

1. 대학에서의 글쓰기

좋은 글을 쓰기 위해 남의 글을 읽을 필요가 없다고 느끼는 사람이라면 아마 한 편의 글도 제대로 완성해 보지 못한 사람일 것이다. 글쓰기는 타인의 글을 밀고 당기며 자신의 생각을 신장하는 행위이기 때문이다. 타인의 의견을 참조하지 않은 글쓰기는 독단으로 흐르기 쉽다. 글을 쓸 때 스스로 겸손해지는 이유도 소중한 지혜를 건네준 타인의 존재 때문이다. 때로는 그들의 글을 베껴 가며 실력이 늘기도 한다. 도입부 구성 요령이라든지 짧은 문장 구성법, 그리고 창의적 접근 방법 등도 배울 수 있기 때문이다. 글의 지면에서 그들과의 대화가 이루어지면서 내 글쓰기의 습관이 교정되는 것이다.

글쓰기는 '타인'의 지식과 '나'의 지식을 대화시킴으로써 '우리'의 지식으로 고양해 내는 행위이다. 저자의 발자취를 따라가다 보면 오솔길 같은 것도 만난다. 때론 그 길에는 그가 만들다 놔둔 이정표 같은 것도 세워져 있다. 그 이정표에 내 생각을 부기할 수도 있고, 정반대 내용을 써 주고 돌아올 수도 있다. 이렇게 재구성된 이정표는 우리 시대 독서 공동체를 위한 방향타가 된다. 함께 걸어가는 이 길 위에 글쓰기의 즐거움이 일어나는 것이다.

그렇다 하더라도 글쓰기가 항상 즐거운 도정은 아니다. 길이 협소할 때는 통행료를 요구받을 수도 있다. 하지만 타인이 먼저 걸었던 길이라 해서 내가 걷지 못할 이유는 없다. 그가 '닦은' 길이 아니라면 말이다. 말에도 공공재가 있다. "그래도 지구는 돈다."가 갈릴레이만의 문장일 수는 없다. "빈손으로 왔다가 빈손으로 가는 인생" 또는 "세상엔 나쁜 사람보다 좋은 사람이 더 많다."와 같은 말도 그렇다. 이런 문장을 쓰면서 출처를 달 필요는 없다.

그러나 타인의 창의적 시각이 담긴 글을 빌려 올 때는 유의해야 한다. 가령 한 화학자가 산책길에서 야생화를 관찰하고 쓴 실험 일지를 그의 블로그에 올렸다고 하자. 공유를 허락받으면 우리 글에도 가져올 수 있다. 그러나 이 상황에서 이루어지는 공유는 지식의 공유지, 저자의 공유가 아니다. 당시에 그 꽃을 탐구한 것은 우리가 아니었다. 지식을 공유하더라도 내 글로 옮길 때는 출처를 달아야 한다. 최소한 그 화학자의 이름, 그 글이 올라온 블로그, 일시만큼은 분명히 써줘야 하는 것이다.

2. 저작권과 표절

앞서 강조했듯이 글쓰기에서 '정직함' 이상의 금도는 없다. 하지만 빅데이터 공간에서 증식하는 자료 뭉치의 어딘가에 내가 쓴 창의적 문장이 존재하지 말라는 법은 없다. '나만 떳떳하면 글쓰기 윤리는 신경 쓰지 않아도 된다.'고 믿는 학생들은 한국저작권위원회(www.copyright.or.kr)로 가서 최근 저작권 판례들을 찬찬히 읽어 보자. 그 전에 저작권법부터 살펴볼 필요가 있다. 저작권법은 전문이 인터넷상에 공개돼 있다. 빌려온 자료가 불안하거나 출처 표기법이 궁금할 때에는 친구들에게 묻기 전에 저작권법 조문부터 찾아보자. 저작권법은 상당히 복잡해 보이지만 글쓰기 영역과 연계된 부분은 난해하지 않다. 이를 위해서는 '저작물'의 뜻부터 알아야 한다.

1. '저작물'은 인간의 사상 또는 감정을 표현한 창작물을 말한다.
2. '저작자'는 저작물을 창작한 자를 말한다. (저작권법 제 2조)

저작권법은 '저작물'을 보호하는 법이다. 우리나라의 저작권법은 아이디어보다 표현을 보호해 왔다. 저작권법이 보호하는 표현은 인간의 사상 또는 감정이 녹아든 것이어야 한다. 대여섯 단어가 동시 일치할 때가 표절이라 운위되는 경우도 있지만, 그것은 보편적 맥락에서만 그렇다는 뜻이다. 어떻게 쓰더라도 같은 모양새일 수밖에 없고 사용하는 이의 사상이나 감정이 가미되지 않았다면, 그리고 일상에서 누구나 습관처럼 쓰는 그런 표현이라면 대여섯 단어가 연속으로 일치되더라도 상관이 없다. 반면 서너 단어가 연속되더라도 글쓴이의 창의적 시각이 가미된 경우라면 그것은 보호돼야 한다는 것이 저작권법의 시각이다. 저작권을 이해하게 되면 '표절'에 대해서도 이해할 수 있게 된다. 대체적으로 저작권이 법적 개념이라면 표절은 윤리적 비난 차원에서 접근되어야 하는 것으로 이해되어 왔다.

표절학 분야를 오래 연구한 남형두 교수는 『표절 백문백답』(청송미디어, 2017)에서 "표절의 핵심은 기만(passing off)에 있으므로 출처 표시를 하지 않았어도 독자들이 저자의 것으로 속지 않는다면 표절이 되지 않는다."고 보았다. 출처 표기를 생략하는 패러디나 오마주가 표절이 아닌 이유도 그 때문이라는 것이다. 반면 "저자 자신이 속인다는 인식 없이 출처 표시를 하지 않았지만 독자들이 속는다면 이는 표절이 될 수 있다."(41~42쪽) 아울러 모든 출처를 꼼꼼히 표기한 경우에도 인용 글의 분량이 글쓴이 글을 정도 이상으로 압도할 때 광의의 표절(저작권침해형 표절)이 일어날 수 있음도 강조한다.

우리 시대 대학생들도 '표절 개념'에 대해서는 어느 정도 알고 있다. 하지만 세부사항에는 취약한 경우가 많다. 그중 많이 모르는 부분이 '자기 표절'일 것이다. 지난 학기에 높은 학점을 받았던 과제글을 다듬어서 이번 학기 과제글로 내는 '중복 제출'도 여기에 포함된다. "지난 학기 피드백 받은 글에 대해서 다른 교수님 의견도 구하고 싶었다."는 변명이 어째서 문제가 되는지 본인이 더 잘 알 것이다. 그럴 것이라면 학점 부여 과제로는 제출하지 않았어야 한다. 더 창의적인 콘텐츠를 담아냈다고 항변할 수도 있을 것이다. 그 항변을 할 시간이 있다면 '새로' 쓰도록 하자. 중복 제출 행위는 한 학기를 같이 시작한 급우들을 기망하는 처사임을 기억해야 한다.

표절 관련 궁금증

얼마 전까지 표절은 양심 불량이나 게으름 때문에 발생하는 것이라 생각되어 왔다. 하지만 최근에는 글쓰기 윤리나 사이버 학습 윤리에 대한 무지, 무의식적인 자기화, 글 출처 표기 규정의 복잡성, 저작권법 관련 판례 변화, 데이터의 우연적 일치 등도 원인으로 운위되기도 한다.

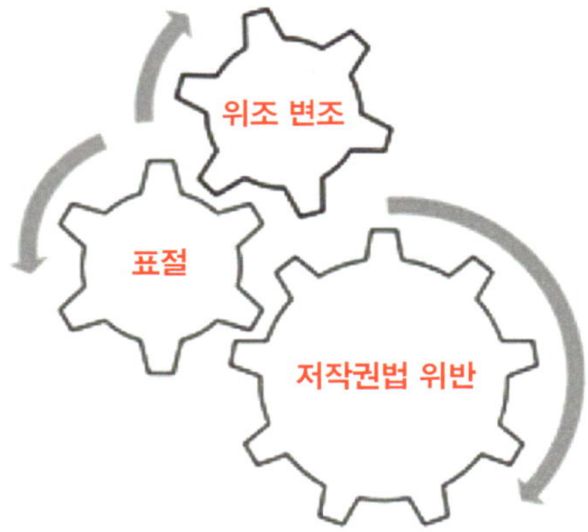

비자발적 글쓰기

그러나 표절이 발생하는 좀 더 근본적 이유는 '글쓰기 자발성'의 부재 때문이다. 글쓰기에서 '자발성'의 부재란 '할 말'의 부재다. 과제를 제출할 날짜가 임박했는데 할 말이 떠오르지 않는다. 그때 인터넷 포털을 서핑하거나 도서관 서가를 방문하여 타인 저작물을 도용하게 될 수도 있다. 이렇게 저렇게 모자이크했음에도 분량이 채워지지 않으면 존재하지도 않는 데이터를 마치 있었던 것처럼 '위조'하기도 한다. 힘겹게 찾은 글 조각 하나를 침소봉대(針小棒大)식으로 '변조'하기도 한다. 이런 불상사를 미연에 방지하려고 요즘 대학들은 글쓰기 윤리 교육을 점점 강화해 나가는 추세이다. 심지어 표절 방지 서약서까지 권유하는 교수님들도 계실 것이다.

서약서를 쓴다 해서 표절 행위가 근절되는 것은 아니다. 표절 행위는 은밀하게 이루어지는 경우가 많은 데다가 서약서와 무관하게 자기 글이 표절 글인지 아닌지 알지 못하는 학생도 있기 때문이다. 표절을 피하려고 이 책 저 책을 뒤져보지만 "하지 마!"라는 식의 말뿐이다. 그렇다고 주위에서 답변을 명확히 해 주는 이들도 없다.

다음 표에는 표절과 관련하여 학생들이 궁금해할 만한 사안들이 담겨 있다. 각 사례를 저작권법의 논리에 입각해 접근해 보자.

	질문	표절 유무
①	"인생은 나그넷길이다."라 적었습니다. 출처를 몰라서 달지 않았습니다.	
②	"가난한 집 제사 돌아오듯 한다."라는 문장을 수능 문제집에서 따왔습니다. 우리말 옛 사전을 뒤적이며 출처를 찾았지만 결국 실패했습니다.	
③	'교양물리' 수업 시간에 낸 리포트에 '$E=MC^2$'이라 쓰고 그 옆에 '아인슈타인' 이름을 다는 것을 빠뜨렸네요.	
④	급우가 자기 글의 아이디어를 가져다 쓰라고 허락해 줬습니다. 표현은 다 모두 제 말로 바꿨으니까 제 것 맞죠?	
⑤	어느 작가가 인상적으로 요약한 칸트의 순수이성비판의 문장들을 제 글에 가져왔습니다. 칸트만 표기하고 그 작가명은 기재하지 않았습니다.	
⑥	10쪽 중 7쪽 넘는 분량을 인용했습니다. 출처를 빈틈없이 달았습니다. 이 글 '저자란'에 제 이름을 쓰는 게 맞죠?	
⑦	A작가가 '창의적'으로 변용한 문장을 옮기는 과정에서 그의 이름은 달아 주지 않았습니다. 아주 상식적이고 일반적인 내용이니까 괜찮겠죠?	
⑧	제 머리에서 나온 글인데요. 쓰고 나서 보니까 A작가 글에 나타난 맞춤법 오류와 에피소드까지 제 글에 들어 있네요. 이 '우연의 일치'도 표절인가요?	

먼저 ①, ②는 표절이 아니다. 공동체에서 유전되는 과정에서 말의 주인이 사라져 버린 경우이기 때문이다. 이 표현들마저 출처 표시를 한다면 우스꽝스러워진다. ③도 표절이라 보기는 어렵다. 물리학 수업 시간에 제출한 물리학 지식이다. 동종 분야 구성원들이 환하게 아는 지식일 경우 출처 표기를 안 해도 무방하다. 반드시 물리학 분야가 아니더라도 우리 사회에서 '$E=MC^2$'이 아인슈타인의 것임을 모르는 이는 아마 없을 것이다. 초등학교 시절부터 학업을 수행한 이들에게 이 공식은 귀에 못이 박히도록 들어 온 것이다. 하지만 어떤 물리학자가 이 공식을 자신이 만든 공식에 결합하여 새로이 구성해 냈고, 그의 공식이 위의 경우처럼 창의성이 상쇄된 경우가 아니라면, 이는 저작권법상의 '결합'에 해당한다. 반드시 출처 표기를 해 줘야 한다.

④~⑧은 표절이다. ④는 허락을 받았다는 점에서 저작권 침해는 이루어지지 않았다. 그러나 표절에서는 양도 개념이 성립하지 않는다. 원저자 허락과 무관하게 표절이 발생한다. ("저자가 타인의 선행 저술을 적절한 출처 표시 없이 자기 것처럼 사용하는 경우 타인이 이에 동의하였다는 사정만으로는 표절의 성립이 부정되지 아니한다.", 대법원 2016. 10. 27. 선고)

⑤는 특정 작가가 들인 번역의 노력을 무단으로 자기화한 사례이다. 독자를 기망했으므로 표절에 해당한다. ⑥은 빌려온 글이 주(主)가 되고 자신의 글이 종(從)인 경우다. 내용을 옮겨 온 자인 자신이 저자 이름표를 달았으니 표절이 되는 것이다. ⑦은 아무리 상식적 내용이더라도 누군가의 창의적 시선이 결합된 경우이므로 그의 이름을 밝혀 주어야 맞다. ⑧의 경우는 '우연의 일치'가 아니다. 맞춤법 오류와 에피소드까지 일치한다는 것은 의도적 표절이다.

글을 쓰다 보면 표절 문제와 관련하여 더 많은 궁금증이 일어날 수 있다. 그 경우에는 남형두의 『표절론』(현암사, 2015), 『표절 백문백답』(청송미디어, 2017) 등을 읽어보자. 상기 질문/답변과 관련된 매우 상세한 답변들이 나와 있다. 아울러 한국저작권위원회 사이트도 방문해 보자.

표절의 실제

통상적으로 표절은 타인의 글에 담겼던 표현이나 아이디어를 무단으로 베끼는 과정에서 일어난다. 이공계 분야나 특허 분야처럼 '아이디어'가 '이익'으로 변하는 경우는 아이디어 표절이 많이 일어난다. 반면 글의 가독성이나 창의성이 중시되는 교양 글쓰기 등에서는 표현 표절이 잦다. 일반적으로 전자는 후자보다 한결 은밀히 이루어진다고 한다. 그렇다고 해서 두 가지가 명확히 구별될 수 있는 것은 아니다. 베낀 표현에 아이디어까지 딸려 온다면 표현 베끼기는 아이디어 베끼기가 되기 때문이다. 지면상 대학생들의 글쓰기에서 많이 일어날 수 있는 두 가지 표절 사례만 살펴보자.

표현 표절 사례 1

한 저작물에서 가져와 짜깁기한 사례	
인용글 A	(쓰레기는…) ❶ 사용가치를 잃고 쓸모가 없어진 것을 말하는데, 당연히 그것은 여기서 말하는 쓰레기(원죄)와는 다른 의미를 갖는다. 어떤 대상에서 사용가치의 상실은 곧 기능과 의미의 상실을 말한다. – A. 아스만, 변학수·채연숙 옮김, 『기억의 공간』, 그린비, 2011, 524쪽.
인용글 B	❷ 그들은 다른 경제구조를 형성하고 관찰자들에게 쓰레기가 가진 상징적 의미 세계의 외적 경계를 벗어날 것과, 문화라는 체계를 무가치화와 분리라는 메커니즘으로 의식하도록 요구하였다. 그러한 예술은 모방적이 아니라 구조적으로 작동한다. 그런 예술은 모사하지 않고, 있는 그대로 본떠 설치하지 않는다. 오히려 그것은 보이지 않는 것을 생산한다. – A. 아스만, 변학수·채연숙 옮김, 『기억의 공간』, 그린비, 2011, 524쪽.
학생글	〈뒤샹에게 보내는 편지〉 **❶ '쓰레기' 개념은 그 자체 기능과 의미를 상실한, 즉 사용가치를 잃고 쓸모가 없어진 것으로 이해될 필요가 있다. 우리가 생각하는 일상의 쓰레기와 다른 의미를 갖는 것이다.**[1] 뒤샹의 샘은 바로 이 쓰레기가 천상의 예술로 넘어가는 사태에 대해 웅변한다. 경이롭다. 피 한 방울도 없이, 비명소리조차 없이 관객을 경악시키는 공포 영화와도 같다. 쓰레기통에서 천국을 뒤지는 현대 예술의 경향을 〈샘〉만큼 여실히 보여 주는 것도 없다. 그러므로 이 작품과 연계된 **❷ 쓰레기 개념은 관찰자들에게 쓰레기가 기존에 가지고 있었던 상징적 의미 선 바깥으로 나갈 것을 요구한다. 일상의 경제 구조와는 다른 경제 구조를 볼 것을 주장한다. 미메시스적 예술이 아닌 그런 다른 경제 구조 안에서 작동하는 예술, 더 나아가 문화라는 체계를 무가치를 분리하는 메커니즘으로 의식하게도 만들었다. 비가시적인 형이상성을 생산한 것이다.** 1) A. 아스만, 변학수·채연숙 옮김, 『기억의 공간』, 그린비, 2011, 524쪽.

위 〈학생 글〉은 마르셀 뒤샹의 〈샘〉에 대한 감상에세이다. 출처는 각주로 달았다. 뒤샹의 전위 예술 개념을 설명하기 위해 '쓰레기'와 관련된 서양의 철학 담론을 끌어왔다. 가져온 〈인용글 A〉와 〈인용글 B〉는 A. 아스만의 글이다. 인용 부분을 좀 더 주밀히 살펴보면 〈학생 글〉 ❶부분에서는 〈인용글 A〉에 대한 아스만 측 출처(❶)를 적시했기에 문제가 없다. 그렇다면 〈학생 글〉 ❷부분에서도 〈인용글 B〉를 가져온 만큼 아스만 측의 출처(❷)를 표기했어야 한다. 그러지 않았기에 표절이 일어났다.

표현 표절 사례 2

두 저작물에서 가져와 짜깁기한 사례	
인용글 A	❶ 예술은 문화적 가치와 무가치 생산의 기본 구조들을 가시화하는 작업을 한다. – A. 아스만, 변학수·채연숙 옮김, 『기억의 공간』, 그린비, 2011, 525쪽.
인용글 B	❷ 어린아이의 시간이 성인의 시간과 다르듯이, 어린아이의 장소 경험은 성인의 장소 경험과 다르다. 성인은 아이가 장소를 체험하는 방식으로 장소를 체험할 수 없다. – 이푸 투안, 구동회·심승희 옮김, 『공간과 장소』, 대윤, 2011, 297쪽.
학생글	〈뒤샹에게 보내는 편지〉 **❶ 혁신적인 예술은 문화적 가치와 무가치 생산의 기본 구조들을 가치 있게 가시화한다.** 그것은 미학적인 자리로 우리를 들어가게 해 주기 위해서다. 뒤샹의 경우는 지상과 천상을 어린아이의 눈으로 연결했다. **❷ 어린아이의 시간이 성인의 시간과 다르듯이, 뒤샹의 장소 경험은 그 어린아이의 것이었다. 성인의 장소 경험과 다른 것이었다. 성인이 아이가 장소를 체험하는 방식으로 장소를 체험할 수 없다**는 사실을 뒤샹은 현명하게도 알고 있던 것이다.

위 〈학생 글〉은 두 권의 책에서 내용을 가져왔다. 하지만 글의 어디에도 그 인용 구절(❶과 ❷) 관련 정보는 없다. 표절이 발생한 것이다.

아이디어 표절 사례

표현 바꾸며 아이디어를 훔쳐 온 사례	
인용글	❶ 쓰레기는 사회가 관심과 주의를 갖지 않는 대상들이다. 남아 있는 것은 그들의 추한 형체뿐이다. 오래전부터 무익함과 관련되어 왔던 예술은 무엇보다는 경제와는 다른 구조를 따르기 때문에 쓰레기에 관심을 가질 수밖에 없다. 예술가들은 쓰레기를, 즉 경제구조에서 제외된 것을 그들의 작품과 설비에 통합하면서 두 가지 성과를 얻을 수 있다. – A. 아스만, 변학수·채연숙 옮김, 『기억의 공간』, 그린비, 2012, 524쪽.
학생글	〈뒤샹에게 보내는 편지〉 **❶ 쓰레기는 사람들 눈 밖에 나 버린 대상이다. 더럽고 비루한 모습이 오래전부터 예술가들 눈길을 끌기에 충분했다. 자고로 예술이란 게 쓸모없는 거에 눈독 들인 기예이지 않은가? 돈벌이와 무관해 보이는 그 쓰레기를 창작 과정에 참여시키면서 그들은 확실한 효과를 보았다.** 뒤샹의 〈샘〉이 바로 그 한 예일 것이다. 뒤샹 작품은 이 쓰레기가 천상의 예술로 넘어가는 사태에 대해 웅변한다. 경이롭다는 말이 무색할 정도다. 피 한 방울도 없이, 비명소리조차 없이 관객을 경악시키는 공포 영화를 보는 듯하다.

위 학생 글에서는 인용한 모든 어구들이 일사불란하게 바뀌고 있음을 보게 된다. 앞 사례처럼 출처 정보가 보이지 않는다. 패러프레이즈 하는 방식으로 남의 아이디어를 고스란히 도용해 낸 사례이다. 자신만의 창의적 관점에 입각하여 패러프레이즈 한 것이 아니라 인용 글의 아이디어를, 표현만 바꾸면서 자기화한 것이다. 아이디어 표절은 적발 위험이 크지 않다는 점에서 은밀히 이루어질 수 있다. 하지만 매우 지능적으로 이루어지는 경우만 아니라면 표현 차원의 표절이 동반되기 마련이다. 이러한 아이디어 표절도 '턴잇인'(turnitin)이나 '카피 킬러'(copy killer) 같은 '유사도 검색 프로그램'으로 적발해 낼 수 있다. 이런 검색 시스템들을 동시에 활용할 경우 적발율은 더 높아진다.

표절 적발 프로그램이 빅데이터 분석 시스템과 연계될 날이 임박했다고 한다. 그러나 그 전에 글을 쓰는 우리의 마음 자세부터 가다듬는 일이 더 중요할 것이다. 교수님이나 동료를 속일 수는 있어도 자기 자신까지 속일 수는 없다. 들키지 않는다고 타인의 아이디어를 함부로 자기화하는 행위야말로 지성인의 특권을 포기하는 일임을 기억하자.

표절을 피하기 위해서는 적절한 출처 표기만 해 주면 된다. 학문 분야마다 출처 표시 방법이 다르지만 어느 게 나의 것이고 어느 게 남의 것인지를 식별해 줘야 한다는 원칙은 같다. 가독성이 큰 칼럼류 글이라면 가져온 구절 옆에 괄호를 연 후 내주(內註) 처리해 주면 된다. 논문 글이라면 하단에 각주(脚註)를 다는 게 상례다. 본문에 내주 처리만 하고 세부 서지는 참고문헌에서 확인케 하는 참조주(參照註) 방식도 있다. 글의 미관이나 가독성 문제 때문에 주석들을 책 뒤로 놓는 미주(尾註) 방식도 존재한다.

정당한 글쓰기를 위하여

글을 써서 자기 이름을 세상에 알리는 것은 소중한 경험이요, 글쓰기 행위가 주는 즐거움이다. 그러나 쓰려는 의욕이 부실한 데다가, 과시 욕망까지 커질 때 글쓰기는 세상과의 대화에 실패한다. 글쓰기에서 대화는 내가 인용한 책의 저자와만 이루어지지 않는다. 글쓰기 주체로서 나는 그 저자와 나눴던 이야기를 읽는 독자에게도 건넨다. 독자는 급우일 수도, 교수님일 수도, 같은 학교 구성원일 수도 있다. 내 글에 인용한 저자의 지혜를 그 독자들도 추체험하도록 도울 때, 그들은 내가 만든 글쓰기의 우주로 들어오게 된다. 때문에 내가 빌려 온 타인의 글은 출처가 명확해야 하고 학문 공동체에 기여할 수 있는 것이어야 한다. 이때 글쓰기 윤리는 표절이냐 아니냐를 따지는 소극적 문제를 넘어 세계와 소통하는 적극 규범이 된다. 이때 나의 글쓰기는 세계에 자그마한 길 하나를 내어 줄 수도 있게 된다.

자료들의 성격이 달라지고 소비의 방식이 달라졌다고 해서 글쓰기의 기본자세마저 달라지는 것은 아니다. 겸손한 자세로 써 갈 때, 더 나아가 내가 꼭 하고 싶은 말, 쓰지 않으면 못 배기는 내용을 쓰겠다는 마음을 가질 때 글쓰기는 즐거운 '산책'이 된다. 내 지식이 커지기까지 동행해 준 타자들이 있었을 것이다. 그 길을 걷는 과정에서 고맙게도 나의 눈에 들어오는 오솔길들도 있지 않았던가? 기억난다면 지금 그 길에 한 번 더 들어서 보자. 더 많은 오솔길이 나타날 것이다. 이러한 길 찾기/길 내기가 시작되는 곳이 대학 공동체다.

부록

띄어쓰기와 맞춤법은 왜 중요한가

띄어쓰기

한글맞춤법

틀리기 쉬운 단어 모음

외래어 표기법

틀리기 쉬운 외래어 모음

띄어쓰기와 맞춤법은 왜 중요한가

띄어쓰기와 맞춤법은 한국 학생들도 매우 어려워하고, 글을 쓸 때 틀리게 쓰는 경우도 많다. 하물며 정확한 어휘나 표현, 문법 등까지 신경을 써야 하는 외국인 유학생들에게 띄어쓰기와 맞춤법은 더욱 어렵고 부담스럽게 느껴질 것이다. 그러나 한국 학생들보다 외국인 유학생들이 더 정확하게 띄어쓰기와 맞춤법을 지켜 글을 쓰는 경우도 있다. 그만큼 외국인 유학생들은 한국어로 글을 쓸 때 띄어쓰기와 맞춤법에 신경을 쓰고, 꼼꼼한 수정 과정을 거치기 때문일 것이다.

물론 글쓰기에서 형식이 중요한 것은 아니다. 사람의 마음을 움직이는 것은 진솔한 내용이지 잘 다듬어진 형식이 아니기 때문이다. 이런 이유로 글쓰기에서 맞춤법은 그리 중요하지 않다고 여기기도 한다. 그러나 정확한 띄어쓰기와 맞춤법은 글의 완성도를 좌우한다. 글쓴이가 그 글을 쓰기 위해서 얼마나 정성을 들였는지가 띄어쓰기와 맞춤법에서 드러나게 되는 것이다.

한국 속담에 '보기 좋은 떡이 먹기도 좋다.'는 말이 있다. 내용이 좋으면 겉모양도 좋을 수밖에 없음을 뜻하는 말이다. 한국어 띄어쓰기와 맞춤법이 쉽지는 않지만, 마지막까지 최선을 다하는 마음으로 글을 꼼꼼하게 다듬는다면 내용과 형식을 고루 갖춘 글을 쓸 수 있을 것이다.

여기에서는 대학생이 글을 쓸 때 주의해야 할 띄어쓰기와 맞춤법, 부호 사용법, 외래어 표기 등 몇 가지 중요한 원칙을 살펴보기로 한다. 여기의 내용만으로 한글 맞춤법을 모두 알 수는 없으므로 글을 쓰면서 헷갈리는 철자법이나 띄어쓰기가 나오면 사전이나 맞춤법 안내서를 찾아 관련 지식을 하나씩 쌓아 가길 바란다.*

* 맞춤법과 띄어쓰기에 대해 더 알고 싶으면 국립국어원 홈페이지(http://www.korean.go.kr)를 활용하면 좋다. 각종 어문 규정이 정리되어 있고 한글 맞춤법을 엄격하게 반영한 '표준국어대사전'을 무료로 이용할 수 있으며, 무엇보다 '한국어기초사전'을 활용할 수 있어 여러 나라 언어로 사전을 이용할 수 있다. '온라인 가나다'에서는 온라인 상담도 가능하며, '상담 사례 모음'에서 궁금한 내용을 찾아볼 수도 있다.

띄어쓰기

띄어쓰기의 원칙은 '단어'를 기준으로 띄어 쓴다는 것이다. 어디에서 띄어야 할지를 판단할 때 그 말이 단어인지, 아닌지를 구별하면 된다. 옆에 있는 말과 다른 단어이면 그 말과 띄어 쓰고, 단어가 아니면 붙여 써야 한다.

단어를 문법적 성질에 따라 나누어 묶은 것이 '품사'다. 국어에는 '명사, 대명사, 수사'(체언), '동사, 형용사'(용언), '부사, 관형사'(수식언), '감탄사'(독립언), '조사'(관계언) 등 모두 9개의 품사가 있다. 다만, 품사 중에서 조사는 홀로 쓰면 그 의미가 드러나지 않으므로 앞말에 붙여 써야 한다.

문법 용어 중에서 위의 '명사, 동사, 부사'와 같은 품사 외에도 '접사'와 '어미'라는 것이 있다. 접사는 단어의 앞이나 뒤에 붙어 의미를 바꾸거나 품사를 바꾸는 기능을 하는 요소이다. '갓-스물', '풋-사랑'의 '갓-, 풋-'은 접두사이고 '상처-투성이', '나-답다'의 '-투성이, -답다'는 접미사이다. 이들은 홀로 쓰이지 못하기 때문에 앞이나 뒤에 오는 말에 붙여 쓴다.

마찬가지로 '먹-어', '많-은지', '보-았-는데'의 '-어, -은지, -았-, -는데' 등의 어미(語尾)는 동사나 형용사(용언)에 붙어 시제 표시나 문장 연결, 문장 종결 등의 기능을 하는데 이들도 홀로 쓰이지 못하기 때문에 앞말에 붙여 쓴다. 중요한 점은 '접사'와 '어미'는 단어가 아니므로 띄어 쓰지 않는다(즉, 붙여 쓴다)는 점이다.

한글 맞춤법에는 "문장의 각 단어는 띄어 씀을 원칙으로 한다."라고 띄어쓰기 원칙이 명시되어 있다. 접사와 어미는 단어가 아니기 때문에 앞말이나 뒷말에 붙여 쓴다. 그러나 조사는 단어로 다루어지면서도 앞말에 붙여 쓴다. 띄어쓰기를 잘하기 위해서는 우선 띄어쓰기의 원칙을 기억하고 그것에서 벗어나는 사례를 따로 기억하는 것이 좋다.

의존명사는 띄어 쓰고 조사와 어미, 접미사는 붙여 쓴다

명사 중에는 '것, 수'처럼 홀로 쓰이지 못하는 것이 있다. 앞에 뭔가 꾸며 주는 다른 말이 있어야만 하는 '의존명사'이다. 하지만 '커피 우유'는 '우유'고 '밀크 커피'는 커피다. 마찬가지로 의존명사도 명사는 명사이다. 즉, 의존명사의 앞에는 주로 '-는/은/던/을'이나 다른 명사가 꼭 와야 하며 그 앞말과 띄어 쓴다.

띄어쓰기에서 가장 어려운 부분이 형태는 같은데 띄어쓰기가 달라지는 경우이다. 어떤 때에는 의존명사여서 띄어 써야 하고, 어떤 때에는 조사나 어미, 접미사여서 앞말에 붙여 써야 하는 경우가 있다. 이를 잘 구분할 수만 있다면 띄어쓰기 오류를 상당 부분 줄일 수 있다.

띄어 쓰는 의존명사, 붙여 쓰는 조사

아래에 의존명사와 조사의 형태가 같은 예들이 제시되어 있다. 의미가 같은 경우, 용언(의 활용형) 뒤에 오면 의존명사이므로 띄어 쓰고, 체언 뒤에 오면 조사이므로 앞말에 붙여 쓴다. 또, 형태는 같지만 의미에 따라 의존명사와 조사가 나뉘기도 한다. 특이한 용법은 보충 설명을 해 두었다.

뿐, -뿐

- 그는 악의적인 질문을 던졌을 뿐만 아니라 비웃기까지 했다. (의존명사)
- 집이 좁을 뿐만 아니라 요새는 피아노를 치는 일도 별로 없어서 팔까 한다. (의존명사)
- 너무 피곤해서 밥도 먹고 싶지 않고 오로지 자고 싶을 뿐이다. (의존명사)
- 나한테는 너뿐이야. (조사)
- 교육은 지식의 전달뿐만 아니라 문화의 공유를 통해 공동체의 일원이 되게 하는 역할도 수행한다. (조사)
- 그는 집에서뿐만 아니라 일터에서도 언제나 다정다감하다. (조사)

'-(으)ㄹ뿐더러'는 어미라서 그 내부를 띄어 쓰지 않는다.

- 집이 좁을뿐더러 요새는 피아노를 치는 일도 별로 없어서 팔까 한다. (어미)

대로, -대로

- 발표 피피티를 완성하는 대로 모든 조원들한테 보낼게. (의존명사)
- 될 대로 되라는 식의 태도는 버려야 한다. (의존명사)
- 네가 본 대로 들은 대로 빠짐없이 얘기해 봐라. (의존명사)
- 네가 본 것을 사실대로 얘기해 봐라. (조사)
- 유리병은 유리병대로 플라스틱은 플라스틱대로 따로 버리게 되어 있다. (조사)

만큼, -만큼

- 더 바라지도 않으니 일한 만큼의 대가는 받아야겠다. (의존명사)
- 강의실은 개미 지나가는 소리도 들릴 만큼 조용했다. (의존명사)
- 하늘만큼 땅만큼 사랑해. (조사)
- 집에서만큼은 편하게 쉴 수 있었으면 좋겠다. (조사)

만, -만

- 이대로 하면 일주일 만에 동영상 편집을 익숙하게 할 수 있다. (의존명사)
- 이게 얼마 만이야? (의존명사)
- 지난 주말에는 하루 종일 잠만 잤다. (조사)
- 왜 저만 미워하시는 겁니까? (조사)

'만'의 경우 앞에 시간을 나타내는 말이 오고 '동안'의 의미를 가지면 의존명사로 보아 띄어 쓴다. 주로 '만에', '만이다' 꼴로 쓰인다. 조사 '만'은 '한정'의 의미를 갖는다.

- 난 이것도 먹을 만한데. (보조형용사)
- 소비자의 관심을 끌 만한 제품을 기획해 보세요. (보조형용사)
- 청중이 들으면 기분 좋아할 만한 이야기이다. (보조형용사)
- 형만 한 아우 없다. (조사)

• 파란 대문 안에는 곰만 한 개가 한 마리 묶여 있었다. (조사)
• 이번에 발표한 음반은 지난번 음반만 못하다. (조사)

의존명사 '만'에 '-하다'가 붙으면 보조형용사가 되어 '-(으)ㄹ 만하다'라는 꼴로 쓰인다. 그 앞에는 용언이 오며 용언과 띄어 쓴다. '만큼'이나 '정도'의 의미를 갖는 조사 '-만'은 앞말에 붙어 '만 하다'나 '만 못하다'꼴로 쓰인다.

밖, -밖

• 두 정상은 이번 회담으로 기대 밖의 성과를 거뒀다. (명사)
• 이 공포영화는 예상 밖으로 잘 만들었다. (명사)
• 이 일을 할 사람은 너밖에 없다. (조사)
• 오빠는 맨날 노는 것밖에 모른다. (조사)
• 새 프로그램의 베타테스트는 64비트에서밖에 안 된다. (조사)

'밖'이 어떤 경계나 한계를 넘어선 쪽을 뜻할 때에는 일반명사이므로 띄어 쓴다. 조사로는 앞의 명사를 한정하는 의미를 갖는다. 이때는 항상 '-밖에'의 꼴로 쓰여 '없다, 않다, 모르다'와 같이 부정의 의미를 갖는 말이 함께 온다.

다른 도리가 없음을 나타내는 '-(으)ㄹ밖에'는 종결어미이며 그 내부를 띄어 쓰지 않는다.

• 어쩔 수 없지. 내가 이해할밖에. (어미)

터

• 나만 빼고 영화 보러 가다니. 오늘부터 비뚤어질 테다. (의존명사)
• 미리 연락했으면 한잔했을 텐데. (의존명사)

'터'는 조사로는 쓰이지 않는다. 따라서 의존명사 '터'가 붙어 만들어진 '터이다, 테니, 테다, 터인데, 텐데, 테야' 등은 모두 앞말과 띄어 쓴다.

띄어 쓰는 의존명사, 붙여 쓰는 어미

어떤 형태는 의존명사로 쓰이기도 하고 어미의 일부로 쓰이기도 하는 낱말이 있다. 의존명사인 경우는 앞말과 띄어 써야 하며, 어미인 경우는 앞말에 붙여 써야 한다.

지, -지

- 대학생이 된 지도 벌써 석 달이 다 되었다. (의존명사)
- 오늘은 우리가 사귄 지 백 일 되는 날이에요. (의존명사)
- 여행을 언제 가고 싶은지 이야기해 주세요. (어미)
- 메일이 잘 갔는지 확인하려고 다시 로그인을 했다. (어미)

'지'를 의존명사로 보아 띄어 쓰는 경우는 한 가지밖에 없다. '지' 다음에 시간을 나타내는 표현이 올 경우이다. 그 외에는 모두 '어미'이며 따라서 항상 앞말에 붙여 쓴다.

데, -데

- 바다 가까운 데 가서 살고 싶다. (의존명사)
- 교환학생 프로그램은 넓은 세계를 이해하는 데 큰 도움이 됐다. (의존명사)
- 오늘날 우리의 대학은 비판적 지성을 길러내는 데 적합한 구조인가? (의존명사)
- 아이 하나를 키우는 데 온 마을이 필요하다. (의존명사)
- 다들 자기 사는 데 바빠 주변을 돌아볼 여력이 없다. (의존명사)
- 우리 집이 더 가까운데 우리 집으로 가자. (어미)
- 정책이 무엇인지도 제대로 모르는데 지지할 수는 없다. (어미)
- 영화가 시작됐는데 그때서야 들어오는 사람들도 있었다. (어미)

'데'는 앞뒤 환경을 살펴보는 것만으로는 의존명사인지 어미 '-는데'의 일부인지 구분하기가 쉽지 않다. '데'가 '장소, 곳', '일, 것', '경우' 등의 의미를 가지면 의존명사로 볼 수 있다. 둘을 구분하는 다른 방법으로 '데' 다음에 조사 '-에'를 붙이는 것이 있다. '우리 집이 더 가까운데에 우리 집으로 가자.'는 이상하고 '바다 보이는 데에 가서 살고 싶다.'는 자연스럽다.

띄어 쓰는 의존명사, 붙여 쓰는 접미사

어떤 형태는 의미에 따라 의존명사로 쓰이기도 하고 접미사로 쓰이기도 한다. 의존명사는 띄어 쓰고 접미사는 붙여 쓴다.

간, -간

- 1929년에 서울과 평양 간 도시 대항 축구대회가 열렸다. (의존명사)
- 부모 자식 간에도 예의가 필요하다. (의존명사)
- 『80일간의 세계 일주』(접미사)
- 그의 발표가 수천 년간 이어져 온 사람들의 상식을 뒤집었다. (접미사)

두 대상 '사이'의 뜻을 가질 때는 의존명사라 띄어 쓰고 '동안'의 뜻일 때에는 접미사라 앞말에 붙여 쓴다. '부부간, 남매간, 고부간, 형제간'과 같이 관계를 나타내는 한 단어 뒤에는 붙여 쓰므로 주의해야 한다.

씨, -씨

- 홍길동 씨, 길동 씨, 이쪽으로 좀 와 보세요. (의존명사)
- 그 일은 새로 온 김 씨 있잖아, 김길동 씨. 그 친구가 맡기로 했어. (의존명사)
- 그 사람, 박씨였던 것 같은데. (접미사)
- 이 산은 최씨 문중에서 소유하고 있다. (접미사)

어떤 사람을 직접 부르거나 가리켜 말할 때는 띄어 쓰고 성씨를 일컬어 말할 때에는 붙여 쓴다.

차, -차

- 입사 1년 차 사원들이 사내 연구 모임을 만들었다. (의존명사)
- 이 지역은 십여 년 전에 취재차 방문한 적이 있다. (접미사)

'차례'나 '기회', '시기'를 뜻할 때는 의존명사이고 '목적'을 뜻할 때는 접미사이다.

단위명사

단위명사도 의존명사의 일종이다. '양말 한 켤레'처럼 짝이 되는 두 개를 한 벌로 세는 단위명사 '켤레'는 홀로 쓰이지 못하고 앞에 수를 나타내는 낱말을 요구하기 때문이다. 따라서 앞말과 띄어 써야 한다. 단, 단위명사 앞에 아라비아 숫자를 쓰는 경우에는 모두 붙여 쓸 수 있다.

- 대통령이 보고서 작성에 주문한 한 가지는 명료하게 쓰라는 것이었다.
- 열일곱 살 되던 생일날 있었던 일이다.
- 우리는 물 한 컵, 쌀 한 줌, 밥 한 톨, 콩 한 쪽도 아끼며 살았다.
- 이 그림은 수천 년 전에 살던 사람들이 남긴 기록이다.
- 3년 뒤에 여행을 가려고 한 달에 십만 원씩 적금을 붓고 있다.
- 참가자 다섯 명이 6개월 동안 합숙을 했다.
- 세 시에 출발하여 평균 시속 80킬로미터로 달렸더니 두 시간밖에 안 걸렸다.

조사

'-커녕, -보다, -같이'나 인용할 때 쓰는 '-라고' 등도 조사이므로 앞말에 붙여 써야 한다. '-이(다)'도 (서술격) 조사이므로 항상 앞말에 붙여 써야 한다. 또한 조사가 연이어 쓰여도 계속 붙여서 쓴다. '같은'은 형용사 '같다'에서 온 말이기 때문에 앞말과 띄어 써야 한다.

- 밥커녕 아직 물도 한 모금 못 마셨다.
- 움베르토 에코는 은유를 '최상의 비유'라고 말했다.
- 이제 우리가 생각할 것은 무엇을 할 것인가이다.
- 내가 제일 좋아하는 책은 버트런드 러셀의 『게으름에 대한 찬양』이다.
- 이 글은 칼럼이라기보다는 사설에 가깝다.
- 중세는 서로마 제국의 멸망에서부터 동로마 제국이 멸망하기까지를 말한다.
- 너같이 바보 같은 녀석은 처음 본다.

접미사

'-짜리, -째, -쯤, -어치, -끼리, -별, -투성이, -꾸러기, -상'은 의존명사와 혼동될 수 있으나 접미사이므로 붙여 쓴다.

- 십 원짜리 동전은 너무 작아 잡기가 불편하다.
- 매일 보던 친구가 이틀째 연락이 없다.
- 저기쯤에서 까만 아기 고양이 두 마리가 놀고 있었다.
- 옛날에는 떡볶이 오십 원어치도 팔고 그랬는데.
- 여행 가서 처음 보는 사람들끼리 서로 음식을 나누어 먹기도 했다.
- 우리 조는 직업별 만족도 조사를 해 보기로 했다.
- 어렸을 때 나는 맨날 흙투성이인 채 돌아다니는 장난꾸러기였다.
- 블록은 인터넷상에 떠돌아다니는 전기 신호로 존재한다.

'-하다, -되다, -당하다, -시키다' 등은 명사를 동사나 형용사로 만드는 접미사이므로 앞말과 붙여 쓴다. 특히 '-하다'는 명사 외에도 의성어, 의태어, 일부 부사, 새로 들어온 외래어, 외국어, 신조어 등과도 잘 결합한다.

- 공부하다, 산업화하다, 반짝반짝하다, 잘하다, 스마트하다

고유명사와 전문 용어의 나열: 일관성만 지켜라

성명 이외의 고유명사나 전문 용어는 단어별로 띄어 쓰는 것이 원칙이지만 붙여 쓰는 것도 허용하고 있다. 따라서 고유명사나 전문 용어를 붙여 쓰든 띄어 쓰든 상관없다. 한 편의 글 속에서 일관성만 유지하면 된다.

- 경희대학교 이과대학 물리학전공 - 경희 대학교 이과 대학 물리학 전공
- 국립중앙박물관 - 국립 중앙 박물관
- 만성골수성백혈병 - 만성 골수성 백혈병

의미에 따라 붙이기도 하고 띄우기도 한다

띄어쓰기는 의미도 고려한다. 예를 들어 아버지의 형제를 일컫는 '큰아버지, 작

은아버지'는 '백부, 숙부'의 의미를 가지기 때문에 하나의 단어로 보아 붙여 쓴다. 아버지의 키나 존재감을 말할 때는 '키가 큰 아버지, 작은 아버지'와 같이 쓴다. '너무 큰소리치지 마라.' 할 때의 '큰소리'와 '큰 소리로 대답했다.'의 '큰 소리'도, '그 사람 뱃속은 알 수가 없다.'의 '뱃속'과 '배 속이 더부룩하다.'의 '배 속'도 마찬가지 기준으로 구별할 수 있다. 그러나 '머릿속'은 추상적인 공간이나 물리적인 공간 모두 '머릿속'으로 쓴다. 새로운 의미를 가져 붙여 쓰는 단어들은 사전에 올라 있으니 헷갈리면 그때마다 사전을 찾아 익혀 두는 게 좋다.

'안 되다'와 '안되다'

- 와이파이가 됐다 안 됐다 한다. (부정문)
- 고등교육 개혁을 겉보기에만 그럴 듯하게 해서는 안 된다. (부정문)
- 자꾸 늦으면 안 돼. (부정문)
- 자꾸 놀림을 받는 친구가 안돼 보였다. (형용사)
- 안되는 사람은 뒤로 넘어져도 코가 깨진다. (형용사)

'되다'의 부정문으로 쓰인 경우에는 띄어 쓴다. 가엽고 안타까운 느낌이 있거나 일이나 물건, 사람이 좋게 이루어지지 못함, 일정한 수준이나 정도에 이르지 못함을 뜻하는 경우에는 한 단어로 붙여 쓴다. '안되다'는 '잘되다'의 반대 개념이며 '잘되다'의 안 부정문은 '잘 안되다'이다.

'못 되다'와 '못되다', '못 하다'와 '못하다'

- 꼭 무슨 대단한 사람이 못 되어도 괜찮다. (부정문)
- 심보가 못됐다. (형용사)
- 일이 있어서 숙제를 못 했다. (부정문)
- 스페인어를 배우긴 배웠는데 잘 못한다. (형용사)
- 환경협약을 아직까지 체결하지 못했다. (보조용언)

'함께하다'와 '함께 하다', '같이하다'와 '같이 하다'

- 멋진 가을날 오후를 중앙도서관 '작은연주회'와 함께하세요.

  ('함께' 생략 불가능 → *'작은연주회'와 하세요.)

- 하기 싫은 일일수록 여럿이 함께 하는 것이 좋다.

  ('함께' 생략 가능 → 여럿이 하는 것이 좋다.)

한글 맞춤법

'으'로 끝나는 용언의 표기

'잠그다, 담그다' 등의 용언을 '잠구다, 담구다'로 잘못 알고 '잠궈, 담궜다'로 쓰는 경우가 많다. 그러나 이 동사는 '잠그+어-', '담그+았-'이 되므로 '잠가, 담갔다'로 적는다.

- 시원한 계곡물에 수박을 담가 두었다.
- 식사를 마치고 설거지를 다 한 후 마지막으로 가스 밸브를 잠갔다.

접미사 '-이/-히'의 구별

부사 파생 접미사 '-이/-히'를 어떻게 붙여야 하는지 혼란스러울 때가 많이 있다. 복잡한 원리를 머릿속에 저장해 두는 것은 불가능하다. 차라리 올바른 표현을 가능한 한 많이 눈에 익혀 두고 헷갈릴 때에는 사전을 찾아 다시 확인하는 습관을 들이는 것이 좋다.

'-이'를 쓰는 경우

'-하다'형이 아닌 형용사의 활용: 가까이, 가벼이, 같이, 깊이, 쉬이, 헛되이

'ㅅ' 받침 뒤: 깨끗이, 꼿꼿이, 꿋꿋이, 떳떳이, 또렷(뚜렷)이, 느긋이, 따뜻이, 반듯이, 버젓이, 번듯이, 빳빳이, 어렴풋이, 오롯이, 향긋이

첩어 뒤: 간간이, 겹겹이, 곳곳이, 길길이, 나날이, 다달이, 번번이, 샅샅이, 일일이, 줄줄이, 집집이, 짬짬이, 틈틈이

원래 부사였던 단어 뒤: 곰곰이, 더욱이, 오뚝이, 일찍이

'-히'를 쓰는 경우

'-하다'형 형용사의 활용: 가득히, 과감히, 극진히, 꼼꼼히, 다정히, 단단히, 막막히, 무사히, 선명히, 아련히, 정중히, 처참히

명사나 부사 뒤: 도저히, 가만히, 무단히, 비밀히, 열심히

사이시옷의 표기

두 단어가 만나 새로운 단어(합성어)를 이룰 때 두 단어 사이에 어떤 소리가 들어가는 경우가 있다. 두 단어의 '사이에 새로운 소리가 들어갔음'을 나타내는 표지로 '사이시옷'을 쓴다.

단어와 접사가 결합할 때에는 사이시옷을 안 쓴다.

'해님'은 [핸님]이라고 발음하고 싶더라도(혹은 발음하더라도) '-님'이 접미사이므로 '*햇님'이라고 쓰지 않는다. (따라서 표준 발음도 [*핸님]이 아니라 [해님]이다.)

뒷말의 첫소리가 된소리(ㄲ, ㄸ, ㅃ, ㅆ, ㅉ)로 바뀌거나 'ㄴ'음이 덧날 때 쓴다.

'빨래+줄[=빨랫줄]', '비+물[=빈물]'과 같이 뒷말의 첫소리가 된소리(ㄲ, ㄸ, ㅃ, ㅆ, ㅉ)로 바뀌거나 'ㄴ'음이 덧날 때 사이시옷을 쓴다.

'물+고기[=물꼬기]'와 같이 앞말에 받침이 있을 경우에는 자리가 없으므로 사이시옷을 쓰지 않는다.(옛날에는 썼다! *뭀고기) '머리+띠'나 '뒤+풀이'와 같이 뒷말의 첫소리가 원래부터 된소리이거나 거센소리인 경우에는 새로운 소리가 들어간 것이 아니므로 사이시옷을 쓰지 않는다.

두 단어 중 하나 이상이 고유어여야 한다.

'냇가(내+가), 죗값(罪+값), 수돗물(水道+물), 전깃줄(電氣+줄), 귓병(귀+病), 개나릿과(개나리+科)' 등 두 단어 중 하나 이상이 고유어인 결합에만 사이시옷을 쓴다. '초점(焦點), 대가(代價), 소장(訴狀), 화병(火病), 장미과(薔薇科)'처럼 앞말과 뒷말 모두가 한자어이거나 '피자집, 커피가게'와 같이 둘 중 하나가 외래어인 경우에는 두 말 사이에 새로운 소리가 들어가더라도 사이시옷을 쓰지 않는다.

그러면서도 '셋방(貰房), 숫자(數字), 횟수(回數), 곳간(庫間), 찻간(車間), 툇간(退間)' 여섯 개의 한자어에는 예외를 두었다. 즉 '월세방'은 앞말과 뒷말 모두 한자어

라서 사이시옷을 쓰지 않지만 '월셋집'은 고유어 '집' 때문에, '셋방'은 예외라서 사이시옷을 쓴다.

'-던'과 '-든(지)'의 구별

회상 선어말어미 '-더-'가 결합된 '-던', '-던지', '-던가' 등은 모두 지난 일을 회상할 때 쓴다. 반면에 물건이나 일의 내용을 가리지 않는다는 뜻으로는 '-든' 또는 '-든지'를 쓴다.

- 날이 어찌나 덥던지 움직일 때마다 땀이 흐르더군.
- 그 친구가 무슨 말을 하던가?
- 그 친구가 무슨 말을 하든 그것은 그의 자유이다.
- 자원봉사든 후원이든 자기가 할 수 있는 것으로 도움을 주면 된다.
- 아무래도 내가 동아리를 하나 만들든지 해야겠다.

준말의 사용

준말과 본말의 활용

'가지다, 디디다, 머무르다, 서두르다, 서투르다' 등에서 어간의 끝모음이 줄어지면 '갖다, 딛다, 머물다, 서둘다, 서툴다'가 된다. 준말은 첫소리에 모음이 오는 어미('-아/어, -으')와 결합할 수 없다. 다만 '-(으)니'와 결합할 경우 어간의 끝소리가 'ㄹ'이면 'ㄹ'이 탈락하여 '-니'와 결합하므로 본말과 준말 모두에 결합하는 것처럼 보인다.

- 가지고, 가지니, 가져, 가졌다 / 갖고, *갖으니, *갖어, *갖었다
- 머무르고, 머무르니, 머물러, 머물렀다 / 머물고, 머무니, *머물어, *머물었다.

활용형의 준말

준말에는 본딧말의 흔적이 남아 있다. '됐다'는 '되었다'의 준말로 '됐' 속에 '었'의 흔적이 남아 있다. 또한 '돼요'는 '되어요'의 준말이어서 '돼'라고 쓴다.* 반면

에 '된다'는 '*되언다'의 준말이 아니라서 '*됀다'로 쓰지 않는다. '(어른을) 뵈다'나 '(명절을) 쇠다'도 마찬가지이다.

- 됐다, 돼서, 됐든, 돼요, 돼, 돼라(되+어라)
- 된다, 되고, 되든, 된, 될, 되라고, 되라(되+라), 되죠?

'하지 않다'의 준말

말음이 유성음(모음, ㄴ, ㄹ, ㅁ, ㅇ)인 경우에는 '-찮다'로 줄고 무성음(ㄱ, ㅂ, ㅅ, ㅎ)인 경우에는 '-잖다'로 준다. '챦, 쟎'처럼 이중모음을 쓰지는 않는다.

- 하찮다, 대단찮다, 수월찮다, 심심찮다, 마땅찮다
- 그렇잖아도, 적잖은, 못잖다, 섭섭잖게, 생각잖게

'음/ㅁ' 결합

'ㄹ'로 끝나는 용언에 '-음/ㅁ'을 붙여 명사처럼 만들거나 명사문으로 마무리할 경우, 'ㄹ'을 살려 쓴다.

- 앎에 대한 의지는 삶에 대한 경외감에서 솟아오른다.
- 벽토척지(闢土拓地): 버려두었던 땅을 갈아 쓸모 있게 만듦.
- 일상의 힘듦을 견디고 있다.

'어떻게'와 '어떡해'의 구분

'어떻게'는 '어떠하게'의 준말로 부사이고, '어떡해'는 '어떻게 해'가 줄어든 동사이다. 따라서 '어떻게'는 다른 용언을 수식하고, '어떡해'는 그 말 자체가 용언이므로 서술어로 문장 끝에 온다.

* 한국어는 용언에 반드시 어미(語尾)를 붙여야 한다. (1) 오늘 점심 같이 먹어. (2) 오늘 같이 영화를 보아(봐). (1)의 문장을 어미 없이 '*오늘 점심, 같이 먹.'처럼 쓸 수 없다. (2)의 문장에서 모음으로 끝나는 용언 '보-'에도 어미가 붙은 '보아/봐'처럼 써야 한다. 이와 마찬가지로 '안 돼'는 '안 되어'의 준말이므로 '*안 되'라고 쓸 수 없다. 다만 '가다, 나다, 사다, 바라다'처럼 용언의 어간 끝이 '-ㅏ'로 끝나는 경우 '가아, 나아, 사아, 바라아'로 쓰지 않고 그냥 '가, 나, 사, 바라'로 쓴다.

- 이 역사적 과제를 어떻게 해결할 수 있는가? (부사)
- 네가 갑자기 떠난다고 하면 나는 어떡해? (동사)

'왠지'와 '웬'의 구별

'왠지'의 '왠'과 '웬 떡이니?'의 '웬'은 발음도 비슷하여 혼동을 많이 하는 말이다. '왠지'는 '왜인지'의 준말로 '왠'을 쓰는 경우는 '왠지' 하나밖에 없다. '웬 떡이니? 웬 선물이냐? 아침부터 웬 난리야? 이게 웬 돈이냐?'에서처럼 '웬'은 '어떠한, 어찌 된'의 의미를 갖는 관형사로 뒤에 오는 명사를 꾸며 주는 말이다. 다만, '웬일'은 하나의 단어로 굳어졌다고 보아 붙여 쓴다.

- 왠지
- 웬 떡이냐?
- 다 늙은 나이에 웬 공부야?
- 늦은 시간에 웬일이냐?

틀리기 쉬운 단어 모음

ㄱ

가던지 말던지 → 가든지 말든지

가리마 → 가르마

각출 → 갹출

간난아이 → 갓난아이

강남콩 → 강낭콩

개이다 → 개다

개피 → 개비

갸날프다 → 가냘프다

거무틱틱 → 거무튀튀(하다)

거실리다 → 거슬리다

거칠은 → 거친

걸죽하다 → 걸쭉하다

고냉지 → 고랭지

곰곰히 → 곰곰이

곱배기 → 곱빼기

괴퍅하다 → 괴팍하다

구렛나루 → 구레나룻

구비구비 → 굽이굽이

국제난 → 국제란(cf.댓글난)

굼뱅이 → 굼벵이

궁시렁거리다 → 구시렁거리다

귀절 → 구절

금새 → 금세

급냉 → 급랭(急冷)

길다랗다 → 기다랗다

까무라치다 → 까무러치다

까발기다 → 까발리다

꺼꾸로 → 거꾸로

껍질채 → 껍질째

꼬시다 → 꼬이다

꼭둑각시 → 꼭두각시

꼼꼼이 → 꼼꼼히

꽃봉우리 → 꽃봉오리

ㄴ

나무래다 → 나무라다

나즈막이/나지막히 → 나지막이

난장이 → 난쟁이

내노라 하는 → 내로라하는

넉넉치 않다 → 넉넉지 않다

널판지 → 널빤지, 널판자

넓다랗다 → 널따랗다(cf. 높다랗다)

넓직하다 → 널찍하다

넙적바위 → 너럭바위

넙적하다 → 넓적하다

년중/년월일 → 연중/연월일

누누히 → 누누이

눈꼽 → 눈곱 (cf. 배꼽)

눈쌀 → 눈살

눈에 가시 → 눈엣가시

눌러붙다 → 눌어붙다

늙으막 → 늘그막

님 → 임

ㄷ

다락논 → 다랑논, 다랑이

닥달하다 → 닦달하다

대노하다 → 대로(大怒)하다

댓가 → 대가(代價)

더우기 → 더욱이

덥썩 → 덥석

덥히다 → 데우다

덮히다 → 덮이다

되뇌이다 → 되뇌다

두루말이 → 두루마리

둥글래/둥굴래 → 둥굴레

뒷굼치/뒷꿈치 → 뒤꿈치

뒷편 → 뒤편

뒷풀이 → 뒤풀이

등살 → 등쌀

ㅁ

마추다 → (옷을) 맞추다

맛뵈기 → 맛보기

머릿말 → 머리말

멋장이 → 멋쟁이

멋적다 → 멋쩍다

몇 일 → 며칠

목메이다 → 목메다

무릎쓰고 → 무릅쓰고

미다지 → 미닫이

미싯가루 → 미숫가루

ㅂ

바램 → 바람(원함)

발자욱 → 발자국

백분률 → 백분율

부비다 → 비비다

비게 → 비계

뻐꾹이 → 뻐꾸기

ㅅ

삭월세/삯월세 → 사글세

사랑하므로써 → 사랑함으로써(방법)

사랑함으로 → 사랑하므로(이유)

사죽을 못 쓰고 → 사족을 못 쓰고

삼가하고 → 삼가고

새침떼기 → 새침데기

생각컨대 → 생각건대/생각하건대

설겆이 → 설거지

설레임 → 설렘

세째→셋째

손톱깎기→손톱깎이

수강아지→수캉아지(cf. 암캉아지)

수개/숫개→수캐(cf. 암캐)

수병아리→수평아리(cf. 암평아리)

숫놈→수놈

숫소→수소

쉽상→십상

승락→승낙

시덥잖다→시답잖다

쌍커풀→쌍꺼풀/쌍까풀

썩히다→(속을) 썩이다

ㅇ

알아맞추다→알아맞히다

야밤도주→야반도주(夜半逃走)

어떻해→어떡해

얼마던지→얼마든지

예사일→예삿일

예컨데→예컨대

오뚜기→오뚝이

오랜동안→오랫동안

오랫만에→오랜만에

오무리다→오므리다

왠일이니→웬일이니

웃도리→윗도리

웬지→왠지

윗어른→웃어른

윗층→위층

육계장→육개장

일찌기→일찍이

임마→인마

있슴→있음

ㅈ

잠궜다→잠갔다

장농→장롱

재털이→재떨이

짖궂다→짓궂다

짜집기→짜깁기

짤리다→잘리다

쭈꾸미→주꾸미

찌게→찌개

ㅊ

천정→천장

초생달→초승달

치루다→치르다(값, 시험)

ㅋ, ㅌ, ㅍ

칼럼란→칼럼난(cf. 광고란)

케케묵은→케케묵은

키다→켜다(불)

통털어→통틀어

피납→피랍

피다→펴다(책)

ㅎ

하던지 말던지→하든지 말든지

한갖→한갓

할려고→하려고

핼쓱하다→핼쑥하다/해쓱하다

햇님→해님

헹가레→헹가래

희노애락→희로애락

외래어 표기법

모든 언어는 다른 언어와 접촉한다. 접촉할 때 생겨나는 모든 말이 번역되지는 않는다. 외국어를 그대로 가져와 사용하는 경우도 많다. 그것이 외래어다. 언어마다 발음 체계가 다르기 마련이라서, 외래어를 한글로 정확하게 쓰기란 쉬운 일이 아니다. 외래어 표기법이 있기는 하지만 표기법이 만들어지기 전에 이미 굳어 버린 것들도 있고 애초에 어떻게 발음하느냐의 차이가 있기 때문이다. 또, 외래어 표기법은 '발음법'이 아니라 한글로 '표기'하기 위한 규칙이라 실제 발음과 다소간 거리가 있을 수 있음을 감안해야 한다. 그래도 외래어 표기의 일반 원칙을 어느 정도 알고 있으면 조금쯤 도움이 된다.

'ㄲ, ㄸ, ㅃ, ㅆ, ㅉ'와 같은 된소리를 쓰지 않는다.*

- 까페 → 카페
- 꽁트 → 콩트
- 빠리 → 파리
- 썬팅 → 선팅
- 도꾜 → 도쿄
- 리소또 → 리소토
- 뺏지 → 배지
- 째즈 → 재즈
- 싸이클 → 사이클

받침에는 'ㄱ, ㄴ, ㄹ, ㅁ, ㅂ, ㅅ, ㅇ'만 쓴다.

- 굳모닝 → 굿모닝
- 맑스 → 마르크스
- 커피숖 → 커피숍

장모음은 따로 적지 않고 줄여 적는다.

- 오오사카 → 오사카
- 미이라 → 미라

* '호찌민, 쓰나미, 마오쩌둥'과 같이 베트남어, 태국어, 중국어 등의 경우 된소리를 허용함.

'오우[ou]'는 '오'로, '아우어[auə]'는 '아워'로 적는다.

- 윈도우 → 윈도
- 스노우 타이어 → 스노 타이어
- 옐로우 → 옐로
- 베켄바우어 → 베켄바워

단모음 다음에 오는 [p], [t], [k]는 받침으로 적고, 장모음이나 이중모음 다음에 오는 [p], [t], [k]는 '으'를 붙여 적는다.

- book[buk] 북
- cat[kæt] 캣
- tape[teip] 테이프
- mook[mu:k] 무크
- cake[keik] 케이크
- workshop[wə:rkʃɔp] 워크숍

'f'는 'ㅍ'로만 적는다.

- 화이팅 → 파이팅
- 화일 → 파일
- 휘트니스 → 피트니스
- 환타지 → 판타지

'ㅈ, ㅊ' 발음이 모음 앞에서 '쟈, 져, 쥬, 챠, 츄'로 나는 것 같더라도 '자, 저, 주, 차, 추'로 적는다.

- 비젼 → 비전
- 스케쥴 → 스케줄
- 쥬스 → 주스
- 챠트 → 차트
- 레이져 → 레이저
- 텔레비젼 → 텔레비전

어말의 [ʃ]는 '시', 자음 앞의 [ʃ]는 '슈'로, 모음 앞의 [ʃ]는 뒤따르는 모음에 따라 '샤, 섀, 셔, 셰, 쇼, 슈, 시'로 적는다.

- English 잉글리시
- shrimp 슈림프
- supermarket 슈퍼마켓
- share 셰어

어중 철자에 'l'이 들어 있으면 'ㄹㄹ'로 적고, 'r'이 있으면 'ㄹ'로 적는다. 어말에 'l'이 있으면 받침 'ㄹ'로 적고 'r'이 있으면 적지 않는다.

- classic 클래식
- cracker 크래커
- boiler 보일러
- rail 레일

'ㅐ'나 'ㅔ'로 읽을 때 영어 철자에 'e'가 들어 있으면 'ㅔ'로 적고, 'a'가 있으면 'ㅐ'로 적는다.

- propeller 프로펠러
- family 패밀리
- flash 플래시
- fresh 프레시

* 외래어 표기법은 까다롭고 예외 규정도 많다. 필요할 때마다 표기법 심의가 별도로 이루어진다. 사전에 올라 있지 않은 외래어의 표기가 궁금하면 국립국어원 홈페이지의 '어문규범 > 용례 찾기'에서 검색하여 찾거나 '국어상담 > 온라인상담(온라인가나다)'에 질문하기를 권한다.

틀리기 쉬운 외래어 모음

ㄱ

가디건 → 카디건(cardigan)

가스렌지 → 가스레인지

골덴 → 코르덴

글래스 → 글라스(cf. 클래스)

기브스 → 깁스

ㄴ

나래이터 → 내레이터

나르시즘 → 나르시시즘

난스톱/넌스톱 → 논스톱

내프킨 → 냅킨

넌센스 → 난센스

넌픽션/난픽션 → 논픽션

ㄷ

다이나믹 → 다이내믹

덕아웃 → 더그아웃

도너츠 → 도넛

드라큐라 → 드라큘라

똘레랑스 → 톨레랑스

ㄹ

라스베가스 → 라스베이거스

라이센스 → 라이선스

락 → 록(rock)

랍스터 → 로브스터

런닝셔츠 → 러닝셔츠

레디칼 → 레디컬

레파토리 → 레퍼토리

레포트 → 리포트(report)

로보트 → 로봇

로숀 → 로션

리더쉽 → 리더십

리모콘 → 리모컨

링겔 → 링거

ㅁ

매니아 → 마니아

매커니즘 → 메커니즘

멤버쉽 → 멤버십

미스테리 → 미스터리

ㅂ

바베큐 → 바비큐

발렌타인데이 → 밸런타인데이

밧데리 → 배터리

뱃지 → 배지(badge)

부페 → 뷔페

브로셔 → 브로슈어

비지니스 → 비즈니스

비타민 씨 → 비타민 시

ㅅ

샾 → 숍

센타 → 센터

소세지 → 소시지

수퍼마켓/슈퍼마켙 → 슈퍼마켓

스킨쉽 → 스킨십

스탬플러 → 스테이플러, 호치키스

스티로폴/스치로품 → 스티로폼

스프링쿨러 → 스프링클러

심볼 → 심벌

심포지움 → 심포지엄

ㅇ

악세사리 → 액세서리

알콜 → 알코올

앙케이트 → 앙케트

앙콜/앵콜 → 앙코르

액센트 → 악센트

ㅈ, ㅊ

쥬니어 → 주니어

초콜렛/쵸코렡 → 초콜릿

ㅋ

카운셀러 → 카운슬러

카운셀링 → 카운슬링

카페트 → 카펫

카라 → 칼라(collar), 옷깃

카라멜 → 캐러멜

칼라 → 컬러(color)

캐롤 → 캐럴

캐비넷 → 캐비닛

커텐 → 커튼

컨셉/컨셉트 → 콘셉트

컨텐츠 → 콘텐츠

컴팩트 → 콤팩트

컴플렉스 → 콤플렉스

콘트롤 → 컨트롤

콩쿨 → 콩쿠르

크리닉 → 클리닉

클라이막스 → 클라이맥스

ㅌ, ㅍ

판넬 → 패널

팜플랫 → 팸플릿

퍼머 → 파마

프로포즈 → 프러포즈

플랭카드/프랭카드 → 플래카드

ㅎ

후래쉬 → 플래시

후라이드 치킨 → 프라이드 치킨

외국인을 위한
성찰과 표현

초판 1쇄 발행 | 2021년 8월 30일
초판 2쇄 발행 | 2025년 3월 11일

지은이 | 고인환 이명귀 장성희 진은진 최문석 최윤희
펴낸이 | 김진상
펴낸곳 | 경희대학교 출판문화원

주소 | 서울시 동대문구 경희대로26
전화 | 02-961-0106~8, 팩스 | 02-961-0291
설립 | 1960년 9월 16일 제5-8호
등록 | 1977년 11월 8일 제6-5호
홈페이지 | www.khupress.com
전자우편 | press@khu.ac.kr

ISBN 978-89-8222-701-1 (03800)

• p42_담수 전인 2015년의 마을(좌)과 2016년의 금광2리 풍경 ⓒ프레시안(최형락)

• 이 책의 3부 글쓰기 윤리, 부록의 내용은 내국인을 위한 『성찰과 표현』을 참조 및 인용하였음을 밝힙니다.

• 이 책의 인용 자료는 정상적인 절차를 밟아 사용하였습니다. 미처 연락이 닿지 않거나 누락된 부분은 확인 과정을 거쳐 저작권 문제를 해결하도록 하겠습니다.